상주권공재

불교 음악 감상

상주권공재
常住勸供齋

• 법현 지음 •

운주사

*본 연구는 2020년 동국대학교 DG선진연구강화사업지원으로 이루어졌음.

머리말

상주권공은 모든 재 의식에 가장 기본이 되는 의식이나, 현재는 전승이 단절되어 가고 있다. 상주권공은 범패승의 기초 입문과정으로서, 범패 홋소리, 짓소리, 안채비, 작법무인 바라무, 나비무, 법고무를 상주권공 과목에서 익히게 된다.

저자가 불교의식을 처음 접하게 된 인연은 1974년 아버지 손에 이끌려 당대 최고 범패승이 주석한 서울 신촌 봉원사에서 대운 스님을 은사로 모시면서 시작되었다. 부친 김진완(법명 성진, 당호 백운, 1918~2008) 스님은 강원도 출생으로 만석지기의 손자로 태어나셨다고 들었다. 부친의 출가 인연 고리는, 외가쪽 작은 아버지가 스님이셨는데 일찍이 금강산 4대(장안사, 유점사, 신계사, 정양사) 사찰의 하나이자 내금강 만폭동 입구에 자리한 장안사에서 출가하셨고, 할아버지 부탁으로 아버지는 1년에 서너 번씩 수행중인 작은 아버지 스님께 공양미와 불사금을 전해주러 몇몇 짐꾼과 함께 가셨다고 한다. 이때 스님들의 수행 모습에 당신도 출가를 결심하여 경기도 수원 용주사에서 출가하셨고, 이후 금강산 유점사 강원과 마하연 선방에서 당시 3년 선배인 성철 큰스님과 철망을 쳐놓고 안거를 했다고 말씀하셨다. 당시에는 교학, 선학, 염불을 중요시하여, 안거 때면 서울 안암동 개운사 전우운 스님을 비롯한 범패승을 금강산 유점사 강원에 초청해 범패와 작법무를 강습하였고, 이때 불교음악과 불교무용을 배웠다고 하셨다.

이후 유점사 강원을 마치고 전강을 위해 개운사 안진호 스님, 금강사 서울포교당 법륜사 국묵담 스님, 봉선사 운허 스님, 월정사 탄허 스님 등 당대 최고의 스님들에게 경장, 율장, 논장을 배우셨다고 한다. 또한 대구 팔공산 선방에서 깨달음을 얻으시고 선방 안거 해제 때 당시 쌀 5가마의 상금을 받으셨다고 한다. 젊은 시절 건봉사와 건봉사 포교당 법사와 해인사 강주, 금산사 강주를 역임하셨고, 1960년대 수원 용주사 말사인 경기도 여주 이포의 묘연암(현 묘련사) 주지로 1970년까지 소임을 맡으셨으며, 이후 서울 흑석동 중앙대 뒤편 영명사 주지로 부임하여 법문과 염불 활동에 전념하시다가 2008년 91세로 열반하셨다.

어릴 적에 아버지는 아침예불과 천수경, 천자문을 일러 주셨고, 형인 김법기(당호 효성) 스님도 1973년 봉원사에 입산해 범음, 범패를 익혀 1990년 초 경기도 안산 정법사 도량을 창건하였으며, 박송암, 김구해, 마일운 스님에게 배운 불교의식과 영산재를 바탕으로 저자와 함께 불교예술 전파 및 전법활동을 하고 있다.

1997년 석사 논문을 책으로 엮은 『영산재』 단행본을 시작으로 이렇게 11번째 책『상주권공재』를 출판해 주신 운주사 김시열 대표님에게 먼저 감사함을 전합니다. 아울러 한국의 불교문화인

악·가·무樂歌舞를 세계적인 콘텐츠로 거듭나게 연출해 주신 김영렬 교수님, 아리랑TV 이사이며 무용을 안무해 주신 전 창원대학교 무용학과 김향금 교수님, 문화계를 이끄시며 금구성언의 말씀을 해주신 김종규 문화유산국민신탁 명예회장님, 뒤에서 묵묵히 조언해 주시는 새미준(새로운 미래를 준비하는 모임) 이영수 회장님께 감사드립니다.

금생에 불연佛緣을 맺은 부친 백운 스님과 형 효성 스님, 봉원사 사부대중 스님, 동국대 한국음악과에서 후학을 양성할 수 있도록 해주신 모든 분들에게 고마움을 전합니다.

동국대학교 한국음악과 교수 법현 두 손 모음

상주
권공재

머리말 • 5

상주권공재常住勸供齋

불교 의식에 있어서 재齋란 '베풀다', '공양 올린다', '베풀어 설한
다'는 의미로 범어 우포사다(Uposadha)의 번역어이며, 일정한 날
을 정하여 계율을 지키는 것을 뜻한다. 음역으로는 포살布薩이라
하는데, 포살은 몸으로 짓는 신身, 입으로 짓는 구口, 생각으로 짓
는 의意의 삼업三業을 청정히 하는 것이다. 또한 결재潔齋라고도
하여 일반적으로 정오의 식사 이외에 때가 아니면 먹지 않는 것,

불사佛事나 불공佛供 법회를 뜻하며, 또는 그런 때 먹는 식사를 가리킨다고 한다.

'상주권공재'에서 상주常住란 '일상적인(일반적인)', '늘', 권공勸供 '올린다'는 의미이다. 즉 불교 의식 전체를 재齋라고 보는 것으로서, 살아있는 자, 죽은 자 등 모든 중생에게 부처님의 불법을 베풀어 중생이 깨달음을 통해 성불할 수 있도록 일러주는 의식의 총칭이다.

재齋 의식은 상주권공재, 각배재, 영산재, 수륙재, 생전예수재를 들 수 있고, 이 가운데 상주권공재는 규모가 가장 작은 재로 영산재나 각배재 절차 구성 형식을 1일 권공 의식으로 예경하는 재이다.

1. 재 의식의 종류와 구성

1) 상주권공재常住勸供齋

일상적으로 1일에 걸쳐 진행된다. 사십구일재四十九日齋, 백일재百日齋, 소상재小祥齋, 대상재大祥齋와 선망부모 천도를 위하여 하는 규모가 작은 재 의식이다. 절차는 1. 시련, 2. 대령, 3. 관욕, 4. 신중작법, 5. 상단권공, 6. 신중퇴공, 7. 관음시식/전시식, 8. 봉송 의식의 8단계로 구성된다.

2) 각배재各拜齋

각배各拜란 각각배례各各拜禮의 준말로 대례왕공문大禮王供文이며, '왕공王供'이란 명부시왕冥府十王을 위한 권공勸供이라는 뜻이다.

『시왕경十王經』에 나오는 유명계幽冥界에서 죽은 자에 대한 죄업(罪業: 죄의 업보)을 다루는 열 분의 대왕, 즉 십대명왕에 공양을 올리는 의식으로 시왕각배재十王各拜齋라 하며, 상주권공재보다는 재의 규모가 크고 영산재보다는 작다.

나비무

각배재는 영산재처럼 야외에 괘불단을 꾸미고 명부전 십대명왕에게 재를 올리는데, 상단권공, 운수상단권공(소청상위), 중단권공(소청중위) 등 복잡한 의식 절차로 진행된다.

시왕十王은 ① 진광대왕秦廣大王, ② 초강대왕初江大王, ③ 송제대왕宋帝大王, ④ 오관대왕五官大王, ⑤ 염라대왕閻魔大王, ⑥ 변성대왕變成大王, ⑦ 태산대왕泰山大王, ⑧ 평등대왕平等大王, ⑨ 도시대왕都市大王, ⑩ 오도전륜대왕五道轉輪大王이다.

십대명왕에게 예禮를 올린다 하여 대례왕공재大禮王供齋라고 칭한다.

영가가 돌아가신 후 7일이 되는 날 초재는 진광대왕, 이재는 초강대왕, 삼재는 송제대왕, 사재는 오관대왕, 오재는 염라대왕, 육재는 변성대왕, 칠재 즉 49재는 태산대왕, 100일재는 평등대왕, 1년 소상재는 도시대왕, 3년 대상재는 마지막 오도전륜대왕이 각각 맡아서 죽은 자의 선업과 악업의 심판을 가리게 된다.

절차는 1. 시련, 2. 대령, 3. 관욕, 4. 조전점안, 5. 신중작법 104위 및 39위, 6. 괘불이운, 7. 상단권공/운수상단권공(소청상위), 8. 중단권공(소청중위), 9. 신중퇴공, 10. 관음시식/전시식, 11. 봉송 등 11단계로 구성 진행된다.

3) 영산재靈山齋

부처님이 『법화경法華經』을 설하시던 영산회상을 재현한 장엄한 의식으로, 살아있는 사람과 죽은 사람이 다 함께 진리를 깨달아 이고득락離苦得樂의 경지에 이르게 하는 데 목적을 두고, 또한 국가의 안녕과 군인들의 무운장구 등 3일에 걸쳐 진행되는 재 의식이다. 국가무형문화재 제50호 영산재는 세계무형문화유산으로 지정되었다.

절차는 1. 시련, 2. 대령, 3. 관욕, 4. 조전점안, 5. 신중작법(104위), 6. 괘불이운, 7. 영산단권공, 8. 식당작법, 9. 운수상단권공(소청상위), 10. 중단권공(소청중위), 11. 신중퇴공, 12. 관음시식/전시식, 13. 봉송 등 13단계로 구성된다.

법고춤

4) 생전예수재生前豫修齋

혹은 예수시왕생칠재豫修十王生七齋라고도 한다. 죽기 전 살아서 미리 업장을 소멸하여 복을 닦는 의식儀式으로 3일간 진행된다.

절차는 1. 시련, 2. 대령, 3. 관욕, 4. 조전금은전점안, 5. 신중작법, 6. 괘불이운, 7. 예수상단권공, 8. 중단(소청사자편, 봉송사자편), 9. 예수상단(소청성위편), 10. 중단(소청부편), 11. 중단(소청고사판관편), 12. 중단(마구단), 13. 식당작법, 14. 신중퇴공, 15. 관음시식/전시식, 16. 봉송 등 16단계로 구성된다.

5) 수륙재水陸齋

지옥, 아귀, 축생을 비롯해 육지의 땅위나 땅 밑, 그리고 바다 혹은 강에 살고 있는 모든 중생들이 지은 죄업을 씻게 하고, 두터운 업장을 벗어버리고 복업을 쌓는다 하여 수륙무차평등법회라 하며 3일간 진행된다.

절차는 1. 시련, 2. 대령, 3. 관욕, 4. 조전점안, 5. 신중작법, 6. 괘불이운, 7. 설회인유편, 8. 중단소청사자편, 봉송사자편, 9. 개벽오방편오로단, 10. 소청상위편, 11. 중단소청중위편, 12. 하단소청하위편, 13. 식당작법, 14. 신중퇴공, 15. 관음시식/전시식, 16. 봉송등 총 16단계로 구성된다.

<표1> 5종의 재 의식 구성 및 절차

수륙재	생전예수재	영산재	각배재	상주권공재
1. 시련	1. 시련	1. 시련	1. 시련	1. 시련
2. 대령	2. 대령	2. 대령	2. 대령	2. 대령
3. 관욕	3. 관욕	3. 관욕	3. 관욕	3. 관욕
4. 조전점안	4. 조전점안	4. 조전점안	4. 조전점안	
5. 신중작법 – 104위	5. 신중작법 – 104위	5. 신중작법 – 104위	5. 신중작법 – 104위	4. 신중작법 – 39위
6. 쾌불이운	6. 쾌불이운	6. 쾌불이운	6. 쾌불이운	
7. 설회인유편	7. 운수상단권공	7. 영산단권공		5. 상단권공
8. 중단(소청사자편, 봉송사자편)	8. 중단(소청사자편,봉송사자편)	8. 식당작법		
9. 개벽오방편	9. 예수상단(소청성위편)	9. 운수상단권공 소청상위 (1. 2. 3.)	7. 운수상단권공 소청상위 (1. 2. 3.)	
10. 소청상위편	10. 중단 (소청명부편)	10. 중단권공 소청중위 (1. 2. 3.)	8. 중단권공 소청중위 (1. 2. 3.)	
11. 중단 – 소청중위 (소청중위)	11. 중단 – 소청중위 (고사판관편)			
12. 하단(소청하위)	12. 중단(마구단)			
13. 식당작법	13. 식당작법			
14. 신중퇴공	14. 신중퇴공	11. 신중퇴공	9. 신중퇴공	6. 신중퇴공
15. 관음시식/전시식	15. 관음시식/전시식	12. 관음시식/전시식	10. 관음시식/전시식	7. 관음시식
16. 봉송	16. 봉송	13. 봉송	11. 봉송	8. 봉송

바라무

　상기 5종의 재 의식에서 알 수 있듯 3일 영산재를 1일 재 의식
으로 줄여 하는 것이 각배재이며, 각배재를 다시 줄여서 하는 의
식이 상주권공재이다.

2. 상주권공재의 범패

1) 범패의 한국 전래

범패는 부처님께 예경하는 의식에서 스님들에 의해 불리는 소리
이다. 범패梵唄란 찬탄讚嘆이라는 뜻의 범어 바사(Bhasa)의 음역이
고, 패익唄匿, 파사婆師라고도 한다. 즉 소리를 길게 뽑으며 독경하
거나 게송을 읊는 것을 말한다.

범패의 기원에 대해서는 바라문교의 오명五明 가운데 성명학聲
明學이 음악으로 전승되었다는 설, 『법화경』의 묘음보살妙音菩薩
창작설 등이 있다.

우리나라의 불교 전래는 해상 전래설과 육로 전래설 두 가지로
살펴볼 수 있다.

먼저 해상 전래설은 『삼국유사』「가락국기」의 설화에 근거하는
데, 인도의 공주인 허황옥과 그녀의 오빠인 장유 화상의 가야국
도착과 불교 전래이다.

아유타국(阿踰陀國: 아요디야) 공주 허황옥은 하늘이 내린 가락국
왕을 찾아가 배필이 되라는 부모의 분부를 받들고, 석탑을 배에

바라무

신고 동쪽으로 바다를 지나 건무 2년(A.D. 48)에 20여 명의 수행원
과 함께 붉은 돛을 단 큰 배를 타고 장장 2만 5천 리의 긴 항해 끝
에 남애南涯의 벌포 나룻목에 이른다.

"수로왕은 건국한 다음해에 궁성 터를 찾아다니다가 신답평新
畓坪이란 곳에 이르러, 이곳은 비록 땅은 좁지만 16나한과 7성
이 살 만한 곳이어서 궁성 터에 적격이라고 말한다. 16나한이
란 석가의 16제자이고, 7성은 최고의 지위에 있는 부처의 제자
이다."*

---

* 　정수일, 『문명교류기행』, 사계절, 2002, pp.131~132.

이는 일찍이 해상을 통해 불교가 전해진 것을 짐작해 볼 수 있는 기록이며, 이와 더불어 불교 의식도 함께 진행되었을 것으로 추정한다.

육로를 통한 불교 전래는 삼국 가운데 고구려 소수림왕 2년(372) 전진前秦의 왕 부견符堅이 승려 순도順道를 통해 불경과 불상을 전하고, 374년에 진晉나라 승려 아도阿道 화상은 함께 온 순도順道와 성문사省門寺·이불란사伊弗蘭寺를 창건, 백제 침류왕 1년(384)·신라 법흥왕 14년(527) 불교 공인과 함께 불교 의식이 전해졌을 것으로 추정한다.

의식 진행과 범패에 대한 기록은 『삼국사기三國史記』 법흥왕法興王 15년(528)에 불법이 거행된 기록, 진평왕 15년(613) 황룡사皇龍寺에서 백고좌百高座가 거행된 기록이 있다. 또한 범패 악보에 대한 기록으로는 원효 스님이 671년 저술한 『판비량론判比量論』*의 필사본에 740년 이전 범패 악보인 각필 악보가 발견되었는데, 이는 신라시대 범패 가창 형태의 악보 기록임이 밝혀졌다.

그리고 754년(경덕왕 13년)에 조성된 사경인 「신라백지묵서대방광불화엄경」(호암박물관 소장, 국보 제196호) 「조성기」에 경을 베껴 쓰는 절차가 나와 있다.

---

* 일본 오타니(大谷) 대학교에 소장된 『판비량론判比量論』은 7세기 말~8세기 초에 신라승 심상審祥이 740년 황후에게 올린 것으로, 여기에 범패의 높낮이를 신라식으로 표기한 각필 악보가 그려져 있다.

　　진감 선사(830년)가 당에서 범패를 배워 신라에 귀국 후 범패를 가르쳤다는 기록과 일연一然의 『삼국유사三國遺事』 권5, 월명사月明師 도솔가兜率歌에 "향가鄕歌만 알 뿐 범성梵聲에는 익숙하지 못하오."라고 하는 대답이 나와 있을 뿐 그 구체적인 언급은 없지만 이를 통해 진감 선사 이전에도 '범패'가 불리었음을 엿볼 수 있다.

　　신라(8세기)의 범패는 불교의 대중화를 위해 적극적으로 강경講經을 하게 하고, 소극적으로 민중교화의 방편으로 의식을 행하였던 것이다.

고려시대에 특히 많은 법회가 열렸는데, 대체적으로 정치적 성격을 띠고 각종 법회가 베풀어 졌음을 『고려사高麗史』와 『고려사절요高麗史節要』에서 살펴볼 수 있다.

고려시대 범패 각필 악보는 끝이 예리한 도구로 경전 위에 음의 굴곡을 표기한 형태를 말하는데, 필자는 한국 성암고서박물관에서 1010년 이전의 것으로 추정되는 고려 초 『묘법연화경妙法蓮華經』권1, 권8에서 세계 최초로 불교음악 악보를 발견하였다.(2000. 10) 이는 고려시대 범패 음운 염송하는 형식을 알 수 있는 악보이다.

조선시대는 숭유배불의 사상이 팽배했음에도 불구하고 영조英祖 24년(1748년) 전남 장흥 가지산 보림사寶林寺 대휘 화상大輝和尙의 『범음종보梵音宗譜』에 국융國融을 비롯한 조선시대 대표적 범패승의 계보를 서술해 놓아 범패가 이어졌음을 알 수 있다.

이외 각종 의식절차를 적은 『작법귀감作法龜鑑』, 『신간범음집新刊梵音集』 등에서 불교 의식 범패가 이어져 왔음을 알 수 있다.

조선시대의 범패 각필 악보는 『지장경地藏經』에 표기된 각필 문헌 등 53점으로, 이는 한국에서 불교 의식이 잘 전승되었음을 보여준다. 범패는 조선조에 이르러 억불숭유抑佛崇儒의 국가이념에 의해 쇠퇴의 길을 걷기도 했으나, 여전히 불교 의식의 소중한 기능을 담당하며 면면히 이어져오고 있다.

괘불단

어장 기봉, 구해, 일운 스님

범패는 『석씨요람釋氏要覽』에 의하면 음정도音正道, 화아和雅, 청철淸徹, 심만深滿, 주편원문周偏遠聞 등 5종의 범성梵聲으로 구분되며, 범패는 다시 안채비소리, 바깥채비(홋소리, 짓소리), 화청으로 구분된다. 범패와 더불어 재 의식 진행 시 사용되어지는 불교무용 작법무는 크게 4종으로 바라춤, 나비춤, 법고춤, 타주춤이 있다.

범패는 1973년 중요무형문화재 제50호로 박송암 스님, 장벽응 스님, 김운공 스님이 지정되었다. 또한 1987년 무대 종목에서 마당 종목으로 하고 영산재로 명칭을 바꾸어 범패, 작법, 장엄 등 세 부분으로 나누어 범패에 박송암 스님, 장벽응 스님, 작법에 이일응 스님, 장엄에 정지광 스님이 선정되었으나 모두 열반하였고,

현재 국가무형문화재 제50호 영산재 보유자 김구해 스님 한 분과 전수교육보조자 마일운, 이기봉, 이경암, 한동희 스님 외 이수자, 전수자 스님 등 영산재보존회와 서울 신촌 봉원사를 중심으로 전승 보존하고 있다. 하지만 기존 5명의 영산재 보유자 열반 후 보유자가 지정되지 않아 한 명의 보유자로 3일 영산재를 진행한다는 것은 무리이며, 보유자 전승의 단절 위기에 놓여 있다.

2) 범패의 특징

불교를 받아들인 나라는 그 나라의 역사성과 민족성에 의한 특유한 범패가 있다. 일본은 각 종파宗派에 따라 다르며, 우리나라는 경재(서울, 경기), 영재(영남), 완재(호남), 중재(충청)의 소리가 다르다. 그러나 재를 진행함에 있어서 범패 안채비나 바깥채비의 의식문의 본질적인 내용에는 차이가 없다.

범패는 성명聲明이라고도 불리는데, 미묘한 음성으로 부처님의 높고 큰 덕을 찬탄하며, 이 '범패'에 의하여 시방세존十方世尊의 상호相好가 구족具足하고 모든 근根이 열예悅預하므로 대공덕을 성취한다고 한다.

이러한 범패는 의식 진행 장소에 따라 음악적으로 크게 안채비소리, 바깥채비, 회심곡, 축원, 화청으로 나누어지며, 좁은 의미로 범패는 홋소리와 짓소리를 가리킨다. 상주권공재 진행은 안채비

소리와 바깥채비소리로 불리며, 바깥채비는 홋소리와 짓소리 등 전문적으로 범음을 배운 범패승梵唄僧에 의해 불리어진다.

(1) 안채비

안채비소리의 가사 내용은 주로 한문으로 된 게송과 산문이며, 대체적으로 절 안에서 경문이 해박한 병법秉法 또는 법주法主가 불공을 받드는 사유를 탄백陳白하는 내용으로, 사륙체四六體 형식으로 쓰인 문장 등으로 구성되어 있다.

나비무

유치성由致聲은 소례所禮의 불보살께서 강림해 주실 것을 청하는 내용이며, 개탁성開鐸聲, 착어성着語聲, 편게성偏揭聲을 안채비 4성이라 한다.

그 외 청사성請詞聲, 소성疏聲, 창혼성唱魂聲 등도 안채비 소리이다. 근사히 큰 재齋가 행해질 경우 안채비는 역시 전문적으로 소리를 배운 어장이 그 역할을 맡는다. 이러한 안채비는 상주권공, 각배, 영산재의

안채비 법주와 바라지

홋소리를 익힌 후에 배우게 되며, 중례中禮, 관음예문觀音禮文, 다비문茶毘文, 시다림, 사명일대령四明日對靈 및 영반, 각종 시식인 구병시식, 전시식, 화엄시식, 점안의식과 각종 소疏, 순당절차, 신중대례神衆大禮, 식순절차, 소대전송 및 회향, 예수재豫修齋 등의 소리를 배우게 된다.

(2) 바깥채비

홋소리에 비하여 음의 굴곡과 짧은 글의 구성에 비하여 그 소리의 길이가 긴 짓소리는 소리를 전문적으로 익힌 스님, 즉 상주권공,

홋소리

각배, 영산 등의 체계적인 소리 공부를 통한 전문적 범패승에 의해 불리어진다.

삼보님 가피력과 덕을 찬탄하는 게송으로 단창單唱 또는 독창獨唱, 대중창大中唱 형식으로 부른다.

홋소리는 향의 덕을 찬탄하는 할향성喝香聲, 등불(法)을 알리는 등게燈偈, 그 외 합장게合掌偈, 고향게告香偈, 개게開啓, 쇄수게灑水偈 등 많은 곡목의 소리가 불리는데, 홋소리의 사설은 칠언사구七言四句, 오언사구五言四句의 한문으로 된 정형시의 사구四句 가운데 제1·3구와 2·4구 소리는 동음성同音聲이 많고, 홋소리는 주로 1인의 독창으로 이루어진다.

짓소리-오관게

짓소리는 오랫동안 소리 공부를 한 스님에 의해 불리는데, 대개 한문형식의 산문 또는 범어와 진언으로 구성되며, 짓소리는 어장 선창을 중심으로 동음성同音聲으로 대중창이 이루어지는데 긴 소리에 앞서 목의 상태, 즉 음의 조절을 위한 허덜품 소리가 들어간다. 보통 짓소리의 연주시간은 30분에서 1시간 이상 소요된다.

그리하여 홋소리와 짓소리를 모두 익힌 스님을 어장魚丈 스님이라 부르며, 어장 스님은 사성四聲(평성. 상성. 거성. 입성)은 물론 모든 소리를 자유자재로 구사하는 스님을 일컫는다.

이러한 짓소리는 예전에는 70여 곡이 넘었으나 현재 인성引聲(나무대성 인로왕보살마하살), 거령산擧靈山(나무영산회상불보살), 관

회심곡-효성스님

욕게灌浴偈(아금이차향탕수 관욕고혼급유정 신심세척영청청 증입진공상
락향), 목욕진언沐浴眞言(옴 바타모 사니사 아모카 아례훔), 단정례(單
頂禮(일심정례 상주 불·법·승), 보례普禮(보례시방 상주 불·법·승), 삼
귀두갑三歸頭匣(지심신례 불타야 양족존), 식영산食靈山(나무영산회상
불보살), 오관게五觀偈(계공다소 양피래처 촌기덕행 전결응공 방심리과
탐등위종 정사량약 위료형고 위성도업 응수차식), 영산지심靈山志心(지
심귀명례 영산회상 염화시중 시아본사 석가모니불 유원자비 수아정례),
특사가지特賜加持, 거불擧佛(나무극락도사 아미타불), 삼남태三喃太
(옴 아라남 아라다 지심귀명례), 삼마하三摩訶(나무마하반야바라밀), 옴
아훔 등 15가지만 이어지고 있는데, 이러한 짓소리는 현재 국가무
형문화재 제50호 영산재보존회와 한국불교 태고종 봉원사 어장
스님을 중심으로 그 소리의 맥이 이어지고 있다.

(3) 화청和請

안채비, 바깥채비 모두 경문의 글귀와 선문송, 게송 등으로 불리
기 때문에 일반 재가 불자들은 알아듣기 어려운 반면, 화청和請은
인간의 살아생전 이야기와 사후의 이야기를 사설 형식으로 부르
기 때문에 일반인도 쉽게 가슴에 와 닿는다.

화청의 본뜻은 여러 불보살佛菩薩을 고루고루 청하여 극락에 왕
생하고자 하는 의식적인 뜻을 가진다.

화청은 재齋를 지내는 이의 천도는 물론 그 자손과 대중 모두의

복을 바라는 마음으로 하며, 상단 축원화청祝願和淸과 중단의 지장화청地藏和淸, 육갑화청六甲和淸, 팔상화청八相和淸, 그리고 일반 가곡歌曲으로 참선곡參禪曲, 평염불平念佛, 회심곡回心曲, 백발가白髮歌, 몽환가夢幻歌, 권왕가勸往歌, 왕생가往生歌, 신년가新年歌, 가가가음可歌可吟, 신불가信佛歌 등이 있다.

화청은 태징과 북장단이 어우러져 불리며, 영산재 등 크나큰 행사 때에는 여러 스님들이 각자 독특한 창법으로 화청을 부른다.

모든 권공 의식은 불보살에 대한 찬탄 의식으로서 범패는 그 자체가 음악적인 뜻을 가지나, 화청은 순수 한글로 불리어져 창법의 형태가 경기 민요조 선율을 가지고 있다.

이렇듯 오랜 역사를 지닌 범패는 민속음악에도 큰 영향을 끼치게 되었는데, 그 예로 범패처럼 길게 뽑고 굴곡이 많은 가곡은 시조 시에 곡을 붙여 부르는 전통음악으로 고려 말부터 선비계층의 풍류객들이 부르던 소리이며, 남도 민요인 보렴布念은 그 곡은 닮지 않았으나 가사가 매우 불교적이어서 불교의 의식과 깊은 관계가 있음을 알 수 있다. 보렴은 보시염불布施念佛의 준말로, 그 내용은 불교 의식의 축원과 거의 같음을 볼 수 있다. 이러한 것은 불교가 세간의 음악과 접목한 예로, 이를 통해 불교의 대중문화 흡수성을 찾아 볼 수 있다.

3) 상주권공재의 작법무

불교의 재 의식 시 진행에 있어서 의식무용인 작법무는 바라무, 나비무, 법고무, 타주무로 구분된다.

(1) 바라무

양손에 둥근 동발을 들고 범패의 홋소리와 타악과 기악반주 바라춤은 천수바라, 사다라니바라, 요잡바라, 화의재진언바라, 내림게바라, 관욕게바라, 명(발)바라 7종류이며, 상주권공재 절차에서는 요잡바라, 화의재진언바라, 천수바라, 사다라니바라, 관욕게바라, 내림게바라 등 6종류의 바라무가 진행된다.

바라무

나비무

(2) 나비무

나비무 의상인 육수장삼과 가사·고깔을 수하고 양손에 꽃을 들며
범패 홋소리 염불과 타악과 기악 반주곡에 어우러져 진행되며, 춤
의 종류는 긔경起經작법, 구원겁중久遠劫衆작법, 옴남唵南작법, 삼
귀의三歸依작법, 모란찬牡丹讚작법, 삼남태三喃太작법, 도량게道場
偈작법, 자귀의불自歸依佛작법, 사방요신四方繞身작법, 지옥게地獄
偈작법, 향화게香花偈작법, 정례頂禮작법, 운심게運心偈작법, 만다
라작법慢多羅作法, 오공양五供養작법, 대각석가존大覺釋迦尊작법,
창혼唱魂작법, 다게茶偈작법 등 18가지 작법무가 있고, 현재 만다
라작법을 제외한 17가지가 전승된다.

이 가운데 긔경작법, 정례작법, 옴남작법, 도량게작법, 다게작법, 창혼작법, 지옥게작법, 사방요신작법, 운심게작법 등 9종류 나비무가 상주권공재 진행구성에 포함되지만 일부는 생략되고 몇몇 작법무만 진행된다.

(3) 타주무

타주무는 식당작법 시 진행된다. 두 명의 타주인이 팔정도를 뒤로 한 채 좌정해 있다가 금당좌의 경쇠소리와 평염불에 맞추어 기립하여 좌·우 타주 채를 올린 후 팔정도를 중심 순회하며 이루어지는 무용으로, 나비춤 의상인 육수장삼과 가사·고깔을 수하고 양손에 타주 채를 가지고 한다.

타주무

타주무는 상주권공재에서는 진행되지 않고 영산재, 수륙재, 생전예수재의 규모가 큰 재 의식의 식당작법으로 진행된다.

(4) 법고무

법고무에는 범패가 없으며, 가사, 장삼 혹은 나비춤 의상인 육수장삼과 육수가사를 수하고, 북과 태징 등 사물四物과 태평소, 삼현육각 가락에 어우러져 춤이 진행된다. 이는 허공중생과 축생 등 고통받는 일체중생을 제도한다는 의미로 춤이 진행되며, 현재 국가무형문화재 제50호 영산재 진행 시 법고춤 사위는 박송암 스님

류, 응월 스님류, 무렴 스님류의 3가지가 있다. 상주권공재 진행 시 긔경작법을 마친 후, 정례를 마친 후, 도량게작법을 마친 후에 법고무가 진행되기도 한다.

법고무

4) 상주권공재 진행구성과 의미

상주권공재 진행은 10여 명의 승려로 구성된다. 이들의 소임을 적은 것을 용상방龍象榜이라 하여 증명證明, 회주, 선덕(선사를 가르침), 병법秉法(재를 총괄하는 법주로 설법을 맡음), 어산魚山(상번上番이라고도 하며 인례승引導僧으로 선출하고 의식의 맨 처음 할향喝香 소리를 담당함), 범음梵音(중번中番이라고도 하며 전체 의식 진행 중에 범패의 짓소리를 맡음), 범패梵唄(말번末番이라고도 하며 재 진행 시 의식무용과 태징 등을 치며 홋소리를 맡음), 종두鍾頭(재 진행 시 심부름을 맡음), 시자侍者(비서 역을 맡음), 봉찬奉贊(시련 시 연을 드는 소임으로 사미승이 맡음), 상단上壇(의식 진행 시 상단의 법주), 중단中壇(중단의 법주), 하소下疏(하단의 대령소對靈疏를 맡음), 대령對靈(대령 시 법주), 시식施食(시식단의 법주), 헌식獻食(회향 시 고혼[영혼]에게 음식을 나누어주는 소임을 맡은 스님), 지객知賓(손님 접대를 맡은 이), 서기書記, 유나維那 등 용상방에 각기 소임을 적어 표기해 놓으며, 영산재의 용상방은 더 많은 구성원으로 이루어진다.

　상주권공재 및 모든 재 의식은 불보살 및 도량을 옹호하는 신중神衆과 그 외 영가靈駕를 모셔오는 의식으로부터 시작해 소대전송 의식으로 회향을 하는데, 범패 안채비와 바깥채비 소리로 구성되어 8절차로 진행된다.

1. 시련侍輦 – 재齋도량에 불, 보살, 신중, 영가를 청해 모시는 절차로 바깥채비의 홋소리와 짓소리로 이루어진다.

2. 대령對靈 – 간단히 불공供養을 베풀고 불법佛法과 진언眞言으로 영가에게 법을 설하는 절차로 안채비의 착어성着語聲, 편게성篇偈聲으로 진행된다.

3. 관욕灌浴 – 목욕沐浴 의식으로 불법과 진언으로 영가의 업장소멸을 위해 불법을 베푸는데 대체적으로 진언성眞言聲과 평게성으로 이루어진다.

4. 신중작법神衆作法 – 도량을 옹호하고 부처님의 가르침을 배우고 따르는 신중을 청하는 절차로 홋소리와 창불성唱佛聲으로 진행된다.

5. 상단권공上壇勸供 – 부처님께 예와 더불어 불덕을 찬탄하고 공양과 더불어 축원, 발원하는 절차로 안채비의 유치성由致聲, 청문성請文聲, 축원성祝願聲, 바깥채비의 홋소리와 짓소리, 그 외 화청和淸으로 진행된다.

6. 신중퇴공神衆退供 – 상단의 공양물을 신중단으로 옮기어 권공勸供하는 절차로 10단계 의식으로 진행된다.

7. 관음시식觀音施食 – 아미타불과 관세음보살, 대세지보살을 증명證明으로 영가께 공양과 깨우침의 가르침을 설하는 절차로 안채비의 착어성으로 한다.

8. 봉송奉送 및 소대燒臺 의식 – 재齋도량에 봉청奉請해 모신 분을 모두 전송해 드리는 절차로 평염불과 안채비성이 주를 이룬다.

3. 상주권공재 진행절차

1) 시련侍輦

대중大衆이 련輦을 들고 해탈문 밖 시련터로 나가 인로왕보살의 인도로 금일 재도량齋道場에 시방세계의 모든 불, 보살, 신중, 영가 (靈駕: 망자)를 모셔오는 의식이다.

(1) 절차

통상 절 입구까지 나아가 시련터가 마련된 곳에서 거행되며, 시련 은 모두 9가지의 절차로 구성된다.

1. 옹호게擁護偈 → 2. 헌좌게獻座偈/헌좌진언獻座眞言 → 3. 다게 茶偈 → 4. 행보게行步偈 → 5. 산화락散花落 → 6. 인성(나무대성인로 왕보살南無大聖引路王菩薩) → 7. 긔경작법起經作法 → 8. 영축게靈鷲 偈 → 9. 보례삼보普禮三寶의 순서로 법회도량인 절 안으로 모셔오 는 절차이다.

시련의식

　상주권공재를 지내기 위해 먼저 대중운집大衆雲集을 위해 대종을 친 후 대중이 도량에 모이면 운집쇠를 쳐서 시련 나아갈 준비를 알린다. 시련에 앞서 용상방(龍象榜: 의식승의 각자 소임)을 써 붙여 영산재 순서와 재의 절차, 법주 바라지 등을 정한 뒤 시련 나갈 차비 점검을 한다.

　맨 앞에 목탁을 든 스님이 서고 그 뒤에 인로왕보살引路王菩薩幡 → 취타와 삼현 육각 → 오방번五方幡 → 등 → 청도기 → 순시巡視 → 일산 → 연 → 인례승 → 위목 → 다기 → 향로 → 상주 → 친족 → 일반 신도 순으로 나아간다.

　해탈문解脫門 밖에 마련된 시련터에서 시련 의식이 끝나면 돌아올 때의 순서도 이와 동일하다. 인례를 맡은 스님들이 나무대성인

로왕보살 명호를 짓소리로 지으며 대령을 지내기 위해 재도량으로 모셔오는 의식이다.

• 먼저 대중스님 가운데 한 사람이 태징을 한 마루 올린 후 아래 글을 대중이 동음으로 따라한다.

1. 옹호게擁護偈: 〈대중이 동음同音으로 부른다〉 – 도량을 옹호하는 게송.

　　시방세계 모든 어진 성현과

　　대범천왕 동서남북 사대천왕과

　　가람신, 팔부신들 모두 청하오니

　　자비를 베풀어 왕림하여 주시옵기를 발원합니다.

奉請十方諸賢聖　梵天帝釋四天王
봉 청 시 방 제 현 성　범 천 제 석 사 천 왕

伽藍八部神祇衆　不捨慈悲臨法會
가 람 팔 부 신 긔 중　불 사 자 비 임 법 회

• 위 소리가 끝나면 쇠를 몰아 띤 후 태징쇠와 사물 소리에 맞추
어 요잡바라무를 춘다. 바라무가 끝나면 한 스님이 요령을 흔들
며 아래 '헌좌진언'을 외치면 한 스님이 다시 첫째 글을 선창하
고 대중은 동음으로 다음 게송을 후창한다. 그리고 마지막 진언
또한 세 번 선창과 후창을 한다.

2. 헌좌게獻座偈 / 헌좌진언獻座眞言: 〈1·3구 독창獨唱, 2·4구 대중
창大衆唱〉

내 이제 보배롭고 장엄한 자리를

모든 성현께 바치오니

원컨대 티끌 같은 세계의 모든 번뇌와 망상심을 멸하고

속히 해탈과 보리과 이루어지이다.

我今敬設寶嚴座　奉獻一切聖賢前
아 금 경 설 보 엄 좌　봉 헌 일 체 성 현 전

願滅塵勞忘想心　速圓解脫菩提果
원 멸 진 노 망 상 심　속 원 해 탈 보 리 과

옴 가마라 승하 사바하 (3번)

唵 迦摩羅 僧賀 娑婆訶

시련시 바라무

• 이제 시방세계의 모든 성현들을 자리에 모셨으니 차를 대접하
  는 것이 예의이므로 다음은 성현들께 다기茶器를 올리는(차 공
  양) 아래 '다게'를 진행하며, 도량을 둥글게 원을 그리며 순회
  한다.

3. 다게茶偈 – 차를 올리는 게송이다. 게偈란 범어 가타伽陀(Gatha)
   의 약칭으로, 부처님의 공덕과 교리를 노래 글귀로 찬미한 것이
   며, 송頌은 시詩를 일컫는다.

나비무

• 대중스님은 목탁과 태징을 든 법주의 뒤를 따라 원을 그리며 시련터를 돌며 아래의 소리를 동음성으로 하면 착복을 수한 스님은 범패 소리에 맞추어 나비무를 하고, 다게작법 절차인 나비무가 끝나면 곧이어 태징 소리와 함께 요잡바라춤과 착복을 수한 스님이 사방요신작법을 한다.

이제 감로의 차를 가져다
여러 성현 전에 바치오니
간절한 정성을 감응하시어

애처롭게 여기사

거두어 주시옵기를 원하옵나이다.

今將甘露茶 奉獻聖賢前 鑑察虔懇心
금 장 감 로 다 　봉 헌 성 현 전 　감 찰 건 간 심

願垂哀納受 願垂哀納受 願垂慈悲哀納受
원 수 애 납 수 　원 수 애 납 수 　원 수 자 비 애 납 수

- 끝 구절은 태징을 세 번 울린 후 원수애납수, 그리고 세 번 태징을
  울린 후 원수자비애납수를 대중이 동음으로 한다. 그 후 대중이
  동음으로 아래 글을 합창한 후 산화락과 인로왕보살 명호를 두
  번 부른 후, 세 번째는 짓소리를 지으며 절 도량으로 들어온다.

4. 행보게行步偈〈대중창〉 – 이제 발길을 다른 곳으로 옮겨 가실 것
   을 알리는 게송이다.

   허공 끝까지 먼 길을 떠나시니
   가시다가 정을 잊으면 거기가 정토라오.
   삼업(신·구·의)을 기울여 삼보께 귀의하나니
   성현, 범부 구별 없이 법왕궁에 모이게 하소서.

   移行千里滿虛空 歸道情忘到淨邦
   이 행 천 리 만 허 공 귀 도 정 망 도 정 방

   三業投誠三寶禮 聖凡同會法王宮
   삼 업 투 성 삼 보 례 성 범 동 회 법 왕 궁

시련의식시 대중창

5. 산화락散花落(3번) - 꽃을 뿌리옵니다.

• 예전에는 산화승散花僧이 직접 꽃을 뿌려 드렸으나 지금은 게송으로 염송한다.

6. 인성(나무대성인로왕보살南無大聖引路王菩薩) - 길을 인례하는 나무대성인로왕보살께 귀의합니다.

• 맨 앞 인도승의 목탁을 선두로 인로왕번 취타와 삼현육각 각종 번, 초혼한 영가 위패를 모시고 연과 번幡과 귀취창검을 가지고 짓소리와 어우러져 재도량으로 돌아온다.

7. 긔경작법起經作法 - 경을 연다(펼친다)는 의미의 나비무.

인성(짓소리)이 끝난 후, 이때 착복을 수한 두 스님이 긔경작법을 한다.
'긔경'이란 경經(부처님 가르침)을 일으킨다는 뜻을 담고 있으며, 태징 소리에 맞추어 나비무와 바라무를 한다.

8. 영축게靈鷲偈: 〈대중창〉

부처님께서 인도 영축산에서 법문을 설하실 때 연꽃 한 송이를 들어 여러 대중에게 보이니 가섭이 그 뜻을 알고 빙그레 웃음 지

었다. 영축게는 영산회상에서 전법 도생한 소식을 일깨우기 위하여 외우는 글로, 모셔온 위패와 행렬이 불단을 향해 기립하면 법주와 대중이 아래 글을 동음으로 한다.

부처님께서 영축산에서 연꽃을 들어 상근기를 보이니
이는 눈먼 거북이가 마치 뜬 나무를 만난 듯하네.
만약 가섭이 부처님의 심지법문을 알고 빙그레 웃지 않았다면
끝없는 맑은 가풍 누구에게 전했으랴.

靈鷲拈華示上機　肯同浮木接盲龜
영 축 염 화 시 상 기 　긍 동 부 목 접 맹 귀

飮光不是微微笑　無限淸風付與誰
음 광 불 시 미 미 소 　무 한 청 풍 부 여 수

• 법주가 요령을 흔들어 '보례삼보' 소리를 길게 뽑으면 대중이 아래 글을 동음으로 한 후, 삼보께 예를 올린 다음 위패를 대령단으로 안치한다.

8. 보례삼보普禮三寶 : 〈요령을 흔들며 법주가 선창하면 아래 게송을 대중창으로 한다.〉

시방세계 상주하시는 불·법·승께 예하나이다.
그리고 대한민국의 안녕과 평화를 기원합니다.

짓소리

普禮十方常住佛　普禮十方常住法　普禮十方常住僧
보 례 시 방 상 주 불　보 례 시 방 상 주 법　보 례 시 방 상 주 승

'大韓民國　千秋萬歲'
대 한 민 국　천 추 만 세

　마지막 '대한민국 천추만세'는 삼보께 예를 올린 다음 국가의 안
녕과 평화를 바라는 마음으로 "대한민국 천추만세"를 창唱하였다
고 한다.

• 시련절차가 끝나면 영가에게 법문을 설하는 대령 의식에 들어
　간다.

2) 대령對靈

재齋를 지내기 위해 동구 밖 시련터에서 모셔온 영혼에게 부처님의 가르침을 일러주고 공양을 베풀어 영혼들로 하여금 관욕에 앞서 접대하는 두 번째 절차이다. 의식도량儀式道場에 모셔온 영가(靈駕: 망자)가 간단한 시식(施食: 음식공양)을 하고, 불보살님께 나갈 준비를 하는 의식이다.

(1) 절차

도량 한쪽에 영가단(감로단)을 꾸미고 영가 위패를 모신 후 간단히 입매할 재상을 차린다. 영혼들의 배고픔을 달래고 불법佛法을 일러주는 의식이다.

1. 거불擧佛, 2. 대령소對靈疏, 3. 지옥게地獄偈, 4. 착어着語, 5. 진령게振鈴偈, 6. 보소청진언普召請眞言, 7. 고혼청孤魂請, 8. 향연청香煙請, 9. 가영歌泳, 10. 존물편尊物篇.

1. 거불擧佛: 〈대중창〉 예전에는 거불성을 어장 스님을 중심으로 대중이 원을 그려 짓소리를 진행하였으나, 근래 상주권공재에서는 홋소리로 간단히 한다.

서방극락세계 아미타부처님, 관세음보살, 대세지보살,

대령

영가의 길을 인도하시는 인로왕보살께 귀의합니다.

南無極樂導師阿彌陀佛　南無左右補處兩大菩薩
나 무 극 락 도 사 아 미 타 불　나 무 좌 우 보 처 양 대 보 살

南無接引亡靈引路王菩薩
나 무 접 인 망 령 인 로 왕 보 살

• 대중이 동음으로 대령재를 위해 불보살을 청해 모신다.

• 거불이 끝나면 스님 한 분이 대령단對靈壇을 향해 아래 대령소
  를 읽는다.

2. 대령소對靈疏: 〈소성疏聲 - 독창〉 49재, 백일재 등 재를 지낼 영

가에 대하여 설하는 일체의 법문을 말한다.

- 일체 유주무주 고혼에게 금일 재를 지내게 된 동기를 밝히는 글로 경문에 능한 스님이 대령소를 읽는다.

대령소對靈疏: 영혼을 청해 법을 설하는 글.

글로써 소청하나니 삼대가친 여러 어른께 절하고 올리나이다. 석가여래 유교제자가 재를 봉행하는 법을 가지한 사문이 삼가 아뢰옵나이다. 듣자옵건대 생사의 길은 어두워서 부처님의 광명을 의지해야 밝힐 수 있다고 하셨습니다. 중생들의 번뇌의 바다는 그 물결이 깊어서 부처님의 법선을 의지하여 가히 사생육도 중생을 제도하며, 참된 성품을 미한즉 개미가 쳇바퀴 안에서 나올 줄 모르고 돌고 돌아 중생이 팔난과 삼도 속에서 맴도는 개미와 같으니, 자정함은 누에가 줄을 치어 집을 짓고(누에가 자신이 쳐 놓은 그 속에서 죽는다는 뜻) 생사의 되풀이는 옛날부터 오늘에 이르기까지 그칠 줄 모르니 마음의 근원을 깨닫지 못하고 어찌 면할 수 있겠습니까? 오늘 이 자리에는 재를 맞아 부처님의 위신력으로 왕생극락을 발원코자 법식을 마련하고 향과 꽃과 과일 등 공양구를 장만하여 대성인로왕보살님을 청해 모시니, 본래의 서원을 잊지 마시고 이 도량에 강림하시어 이 공덕을 굽어 감응하옵고, 영가의 앞길을 밝게 인도하여 주옵소서. 그리하여 한 생각 매이지 않고 팔

식이 분명하여 부처님의 품 안에서 풍성한 공덕을 누리고 묵은 업장, 쌓은 업 모두 소멸하여 정각보리의 법을 깨달아 무생법인을 얻도록 힘을 베풀어 주옵소서.

피봉식皮封式 - 대령소 글을 넣은 겉봉투에 쓴 글을 읽는 의식.

召請文疏 拜獻三代 家親等衆 釋迦如來 遺敎弟子 奉行加
소 청 문 소 　 배 헌 삼 대 　 가 친 등 중 　 서 가 여 래 　 유 교 제 자 　 봉 행 가

持 秉法沙門 謹疏 修設大會疏 盖聞 生死路暗 憑 佛燭而 可
지 　 병 법 사 문 　 근 소 　 수 설 대 회 소 　 개 문 　 생 사 로 암 　 빙 　 불 촉 이 　 가

明 苦海 波深伇 法船而 可渡 四生六道 迷眞則 似蟻巡環 八
명 　 고 해 　 파 심 장 　 법 선 이 　 가 도 　 사 생 육 도 　 미 진 칙 　 사 의 순 환 　 팔

難三途 恣情則 如蠶處繭 傷嗟生死 從古至今 未 悟心源 那
난 삼 도 　 자 정 칙 　 여 잠 처 견 　 상 차 생 사 　 종 고 지 금 　 미 　 오 심 원 　 나

能免矣 非憑 佛力 難可超昇 娑婆世界(云云) 今則 天風肅靜
능 면 의 　 비 빙 　 불 력 　 난 가 초 승 　 사 바 세 계 　 운 운 　 금 칙 　 천 풍 숙 정

白日明明 (夜漏沈沈) 專列香花 以伸迎請 南無一心奉請 大聖
백 일 명 명 　 야 누 침 침 　 전 열 향 화 　 이 신 영 청 　 나 무 일 심 봉 청 　 대 성

引路王菩薩摩訶薩 右伏以 一靈不昧 八識分明 歸屆道場 領
인 로 왕 보 살 마 하 살 　 우 복 이 　 일 령 부 매 　 팔 식 분 명 　 귀 계 도 량 　 영

霑功德 陳冤宿債 應念頓消 正覺菩提 隨心便證 謹疏 佛紀
점 공 덕 　 진 원 숙 채 　 응 념 돈 소 　 정 각 보 리 　 수 심 변 증 　 근 소 　 불 기

年 月日秉法沙門 謹疏
년 　 월 일 병 법 섭 문 　 근 소

• 대령소가 끝나면 바라지는 태징을 한 마루 올려 다음 게송을 받는다.

바라지는 법주 스님 옆에서 조교의 역할을 하는 스님으로, 법주

의 게송과 의식 전반을 옆에서 돕는 역할을 한다.

3. 지옥게地獄偈:〈대중창〉지옥을 파하는 게송.

　철로 얽히고설킨 옥초산,

　불로 그을리고 화로로 그을린 칼나무 칼산,

　팔만사천 지옥문을

　부처님의 비밀 주문의 힘에 의지하여 오늘 열게 하소서.

　鐵圍山間沃焦山　火湯爐灰釰樹刀
　철 위 산 간 옥 초 산　화 탕 뇌 탕 금 수 도

　八萬四千地獄門　仗秘呪力今日開
　팔 만 사 천 지 옥 문　장 비 주 력 금 일 개

4. 착어着語:〈독창〉영혼에게 생사의 이치를 일러 주는 내용.

• 법주가 요령을 흔든 후 착어성着語聲으로 영가에게 법을 설
　한다.

　금일 영가시여, 살아있는 것도 본래 살아있음이 없고, 멸함도
　본래 멸함이 없나니, 낳고 죽는 법이 본래 비었건만 실상묘체
　(마음 본래의 자성)는 상주하여 멸함이 없도다.
　금일 영가시여, 돌이켜 생각하소서. 본래 생멸이 없다고 한 글
　구절의 이치를 알겠는가?

안채비 염불

합장하고 굽어보고 우러러 굽어보면 검은 하늘은 고요하고 보고 들음에 밝고 역력하도다.

만일 얻을 수 있다면 법성을 깨쳐 증득하여 영원히 주리고 허함을 멸하리라.

혹시 그렇지 않으면 부처님의 위신력을 받아 법을 더 의지하여 이 향단에 나아가 나의 공양을 받고 진리의 법을 깨달아 증득하소서.

今日→(祝願) 娑婆世界(云云) 生本無生 滅本無滅
금 일   축 원   사 바 세 계 운 운   생 본 무 생 멸 본 무 멸

生滅本虛 實相常住(靈駕) 還會得 無生滅底 一句麼(良久)
생 멸 본 허 실 상 상 주 영 가 환 회 득 무 생 멸 저 일 구 마 양 구

俯仰隱玄玄 視聽明歷歷
부 앙 은 현 현 시 청 명 력 력

若也會得 頓證法身 永滅飢虛
약 야 회 득 돈 증 법 신 영 멸 기 허

其或未然 承佛神力 仗法加持 赴此香檀 受我妙供 證悟無生
기 혹 미 연 승 불 신 력 장 법 가 지 부 차 향 단 수 아 묘 공 증 오 무 생

'양구'란 법주가 앞글을 송문관의(誦文觀義) 했는지 요령을 흔든
후 다시금 생각하는 시간을 가리킨다.

5. 진령게振鈴偈:〈1·3구 법주 요령 흔들며 선창하면, 2·4구 바라
   지 후창〉

• 영가로 하여금 어리석은 마음을 깨우쳐 금일 재단으로 청하는 게송.

이제 요령을 흔들어 청하오니

저승세계 끝까지 들려주소서.

원하옵건대 삼보의 도우심을 힘입어

오늘 영가 이 자리에 왕림하소서.

以此振鈴伸召請　今日靈駕普聞知
이 차 진 령 신 소 청　금 일 영 가 보 문 지

願承三寶力加持　今日今時來赴會
원 승 삼 보 력 가 지　금 일 금 시 내 부 회

6. 보소청진언普召請眞言: 〈요령을 흔들며 진언을 독창〉 간절히 청하는 진언.

나모 보보제리 가리다리 다타 아다야 (3번)

7. 고혼청孤魂請: 〈법주가 요령을 흔들며 독창〉 고혼을 청하는 글로 3번 한다.

한마음으로 받들어 청하오니 인생은 어디서 왔다가 죽은 후 어디로 가는가? 태어남은 한 조각 뜬구름이 일어남이요, 죽음은 한 조각 뜬구름이 흩어짐이다. 뜬구름 자체는 본래가 없음인데

태어나고 죽고 오고 감이 이와 같지만 항상 홀로 있는 한 물건
이 있어서 생사를 따르지 않는다.

부처님의 위광을 받들어 법회에 임하오니, 만약 어떤 사람이 부
처님의 경계를 알고자 한다면 마땅히 그 뜻을 깨끗이 하는 것은
푸른 하늘처럼 깨끗이 하며, 어지러운 헛된 상 아주 멀리 하되
모든 즐거움에 이르러 마음이 향하는 바가 막힘이 없을 지어다.

一心奉請 生從何處來 死向何處去 生野一片浮雲起 死也一片
일심봉청 생종하처래 사향하처거 생야일편부운기 사야일편

浮雲滅 浮雲自體本無實 生死去來亦如然 獨有一物常獨露 湛
부운멸 부운자체본무실 생사거래역여연 독유일물상독로 담

然不隨於生死
연불수어생사

(祝願) 今此 (云云) 承佛威光 來臨法會 受霑法供
축원 금차 운운 승불위광 내림법회 수점법공

• 법주는 합장한 후 다시 아래 게송을 한다.

일심으로 청합니다. 실상은 명상을 떠나있고 법신은 종적 없이 인연 따라 숨기거나 드러냄이 거울 속에 비치는 모습 같고, 업을 따라 오르고 내림은 우물 속에 두레박이 오르내림 같아 오묘한 변화 예측하기 어렵거늘, 환으로 오감이 어찌 어렵지 않으리오. 오늘 천혼재자가 지성으로 바라오니 영가여, 부처님의 위신력과 법의 가지에 의지하사 이 향단에 오셔서 부처님 가르침인 법공양을 받으소서.

一心奉請 實相離名 法身無跡 從緣隱現 若 鏡像之 有無 隨
일심봉청 실상이명 법신무적 종연은현 약 경상지 유무 수

業昇沈 如井輪之高下 妙變莫測 幻來何難 願我今此 至意誠
업승침 여정륜지고하 묘변막측 환래하난 원아금차 지의성

心 生前孝行 死後 四十九日齋 之辰 薦魂齋者 ○○居住 行孝
심 생전효행 사후 사십구일재 지신 천혼재자 거주 행효

子 ○○伏爲 所薦 亡嚴父 ○○靈駕 唯願 承佛威光 來詣香壇
자 복위 소천 망엄부 영가 유원 승불위광 내예향단

受霑法供
수점법공

• 법주는 합장한 후 다시 아래 게송을 한다.

일심으로 청합니다. 만일 부처님의 경계를 알려 하면 마음을 허공과 같이 맑히고 망상과 육도를 멀리 여의어 마음이 어디에도 걸림 없게 할지니, 오늘 천혼재자가 지성으로 바라오니 영가여, 부처님의 위신력과 법의 가지에 의지하사 이 향단에 오셔서 법공양을 받으소서.

一心奉請 若人欲識 佛境界 當淨其意 如虛空 遠離妄相 及諸
일심봉청 약인욕식 불경계 당정기의 여허공 원리망상 급제

趣 令心所向 皆無碍(祝願) 今此(云云) 承佛威光 來臨法會
취 영심소향 개무애 축원 금차 운운 승불위광 내림법회

受霑法供
수점법공

8. 향연청香煙請: 〈대중창〉 향과 진수 연반을 올리옵니다.

• 윗글이 끝나면 바라지는 태징을 세 번 친 후(향연청 3번), 소리한 후 다시 태징을 세 번 울린 후 가영을 한다.

9. 가영歌詠: 〈바라지 독창〉

모든 신령은 한이 다하여 몸이 죽음에 이르니,
돌이 부딪쳐 생겼다 없어지는 불빛과 같이 세월이 빨라 일장의 꿈이더라.
삼혼은 아득히 어느 곳으로 돌아갔으며,
칠백은 망망히 먼 고향으로 갔으리라.

諸靈限盡致身亡　石火光陰夢一場
제 령 한 진 치 신 망　석 화 광 음 몽 일 장

三魂杳杳歸何處　七魄茫茫去遠鄉
삼 혼 묘 묘 귀 하 처　칠 백 망 망 거 원 향

10. 모인영가某人靈駕:〈법주 독창〉

이미 정성으로 청을 받고 벌써 향단에 나려 모든 인연을 놓아
버리고 구부려 이 제물을 흠향하니라. 모인 영가 모든 불자들이
여, 일주의 청정한 향은 정히 영가의 본래근원이요 여러 점 등
불은 바로 영가의 눈감은 시절이니, 먼저 드리는 조주 스님의
차와 나중에 드리는 향적의 찬이 여러 가지 물건을 눈뜨고 보느
냐. 머리를 숙이고 낯을 우러러봐도 감출 곳 없나니 구름은 푸
른 하늘에 있고 물은 병 속에 있느니라. 이미 향의 공양도 받고
부처님 말씀도 벌써 들었기에 합장하고 전심으로 부처님께 참
례할지어다.

某人　靈駕　旣受虔請　已降香檀　放捨諸緣　俯欽斯奠　某人　靈
모 인　영 가　기 수 건 청　이 강 향 단　방 사 제 연　부 흠 사 전　모 인　영

駕　一炷淸香　正是靈駕　本來面目　數點明燈　正是詠歌　着眼時
가　일 주 청 향　정 시 영 가　본 래 면 목　수 점 명 등　정 시 영 가　착 안 시

節　先獻趙州茶　後進香積饌　於此物物　還着眼麼低頭　仰面無
절　선 헌 조 주 다　후 진 향 적 찬　어 차 물 물　환 착 안 마 저 두　앙 면 무

藏處雲在靑天　水在瓶　靈駕　旣受香供　已聽法音　合掌專心　參
장 처 운 재 청 천　수 재 병　영 가　기 수 향 공　이 청 법 음　합 장 전 심　참

禮金仙
례 금 선

- 양구良久란 잠시 묵언하며 글의 뜻을 다시금 생각함이다. 그런 후 요령 3번 흔들고 영가에 법을 설하는 대령 의식은 이것으로 마친다.
- 이제 영가의 위패를 관욕실로 향한 후 가려진 병풍 앞에는 증사 스님 세 분이 관욕단 앞 증사단으로 가서 영가에게 결계를 위해 착석하면 법주는 관욕 염불에 들어간다.

3) 관욕灌浴

(1) 의미

목욕 의식으로, 영혼에게 불법을 들려주어 깨침과 더불어 신身·구口·의意 삼업三業으로 인한 업장을 감로법甘露法과 진언眞言으로 말끔히 씻어주고 감로단甘露壇에 모시는 의식이다.

(2) 절차

1. 인예향욕편引詣香浴篇, 2. 신묘장구대다라니神妙章句大陀羅尼, 3. 정로진언淨路眞言, 4. 입실게入室偈, 5. 가지조욕편加持澡浴篇, 6. 목욕게沐浴偈, 7. 목욕진언沐浴眞言, 8. 관욕게灌浴偈 바라, 9. 작양지진언嚼楊枝眞言, 10. 수구진언漱口眞言, 11. 세수면진언洗手面眞言, 12. 가지화의편加持化衣篇, 13. 화의재진언化衣財眞言(화의재진언 바라춤), 14. 제불자지주기주諸佛者持呪旣周, 52. 수의진언授衣眞言, 16.

착의진언着衣眞言, 17. 정의진
언整衣眞言, 18. 출욕참성편出浴
參聖篇, 19. 지단진언指壇眞言,
20. 가영歌詠, 21. 산화락散花
落, 22. 나무대성인로왕보살南
無大聖引路王菩薩, 23. 정중게庭
中偈, 24. 개문게開門偈, 25. 가
지예성편加持禮聖篇, 26. 보례
삼보普禮三寶, 27. 행봉성회운
운諸佛者幸逢聖會云云, 28. 법성
게法性偈, 29. 쾌전게掛錢偈, 30.
수위안좌편受位安座篇, 31. 안
좌게安座偈, 32. 다게茶偈.

관욕의식 증명법사 결수

특별히 마련된 관욕실灌浴室 안에 영가 위패를 모시고 법주 스
님의 각 진언眞言 염불에 따라 증사 스님은 결수로 영가에게 법을
알려주며 관욕실단灌浴室壇 내에는 한 스님이 각 진언에 합당한 절
차를 실행한다.

1. 인예향욕引詣香浴: 〈법주 독창〉 편게성 – 욕실(관욕)로 인도하는
   글.

위로부터 부처님 가르침과 가피력, 삼보의 위신력을 의지하여
사람 세계로 불러 청하오니, 모든 인류 및 무주고혼과 유정등중
은 도량에 내려 이르소서.

上來已憑 佛力法力 三寶威神之力 召請人道 一體人倫 及 無
상래이빙 불력법력 삼보위신지력 소청인도 일체인륜 급 무

主孤魂 界 有情等衆 己屆道場 大衆聲鈸 請迎赴浴
주고혼 계 유정등중 긔계도량 대중성발 청영부욕

2. 신묘장구대다라니 神妙章句大陀羅尼: 〈대중 동음창〉 신묘스럽고
   묘한 관세음보살의 진언을 염송합니다.

나모라 다나다라 야야 나막알약 바로기제 새바라야 모지사다
바야 마하 사다바야 마하가로 니가야옴살바 바예수 다라나 가
라야 다사명 나막 가리다바 이맘알야 바로기제 새바라 다바 나
막 가리다바 니라간타 나막 하리나야 마발다 이사미 살발타 사
다남 수반 아예여 살바 보다남 바바말아 미수다감 다냐타 옴 아
로계 아로가 마지로가 지가란제 혜혜하례 마하모지 사다바 사
마라 사마라 하리나야 구로구로 갈마 사다야 도로도로 미연제
마하미연제 다라다라 다리나례 자라자라 마라 미마라 아마라
몰제 예혜혜 로계 새바라 라아 미사미 나사야나베 사미사미 나
사야 모하자라 미사미 나사야 호로 마라호로 하례 바나마 나바
사라사라 시리시리 소로소로 못쟈못쟈 모다야 모다야 매다리
야 니라간타 가마사 날사남 바라 하라나야 마낙 사바하 싯다야

66

사바하 마하싯다야 사바하 싯다 유예 새바라야 사바하 니라간
타야 사바하 바라하 목카 싱하 목카야 사바하 바나마 하따야 사
바하 자가라 욕다야 사바하 상카 섭나네 모다나야 사바하 마하
라 구타다라야 사바하 바마사간타 니사 시체다 가릿나이나야
사바하 먀가라 잘마 이바 사나야 사바하 - 나모라 다나다라 야
야 나막알야 바로기제 새바라야 사바하 (3번)

3. 정로진언淨路眞言: 욕실(관욕실)로 인도하는 진언.

옴 소싯디 나자리다라 나잘리 다라 모라다에 자라자라 만다
만다 하나하나 훔바탁 (3번)
唵 蘇愛地 羅佐哩 多羅 羅佐哩 多羅 母羅多曳 左羅左羅 滿多
滿多 賀那賀那 吽婆吒

4. 입실게入室偈: 〈대중창〉 욕실(관욕)로 인도하는 글.

• 바라지가 쇠를 울린 후 아래 게송을 독창한다.

한 번 본래의 마음을 등진 뒤로 몇 차례나 삼도와 사생(四生: 태,
난, 습, 화)으로 헤매었던가.
오늘날 번뇌의 때를 모두 씻으면 자연히 본 고향으로 돌아가게
되오리.

一從違背本心王　幾入三途歷四生
일 종 위 배 본 심 왕　기 입 삼 도 력 사 생

今日滌除煩惱染　隨緣依舊自還鄉
금 일 척 제 번 뇌 염　수 연 의 구 자 환 향

- 바라지가 가영성으로 소리를 마치고 나면 종두 스님은 영가단
  靈駕壇에 위패를 병풍이 마련된 관욕실灌浴室 안으로 옮긴다.
- 법주 및 전 대중은 관욕단을 향하여 합장하고 법주가 요령을 울
  린 뒤에 각 진언을 염하면 증명법사는 진언에 따라 결수結手를
  한다.

5. 가지조욕加持操浴: 〈법주 독창〉 특별히 욕실을 마련하였다는 글.

상세히 살펴보면 삼업(몸, 입, 생각으로 지은 업)을 조촐히 하는 것
이 마음을 깨끗이 하느니만 못하고, 만 가지 물건을 정결히 하
는 것이 맑은 물만 못한 것이다. 관욕(목욕)실을 삼가 엄하게 하
고 향탕수를 특별히 준비했으니 진(塵: 온갖 번뇌)세계 노고를
깨끗이 씻기를 바라고 만겁에 청정을 얻도록 하소서. 아래로 목
욕에 대한 계율이 있으니 대중은 말을 따라 고르게 하라.

加特操浴　詳夫　淨 三業者　無越乎澄心　潔萬物者　莫過乎淸水
가 지 조 욕　상 부　정 삼 업 자　무 월 호 징 심　결 만 물 자　막 과 호 청 수

是以　謹嚴浴室　特備香湯　希一濯於塵勞　獲萬劫之　淸淨　下有
시 이　근 엄 욕 실　특 비 향 탕　희 일 탁 어 진 로　획 만 겁 지　청 정　하 유

沐浴之偈　大衆隨言後和
목 욕 지 게　대 중 수 언 후 화

• 윗글이 끝나면 아래 게송을 대중창으로 한다.

6. 목욕게沐浴偈: 목욕을 알리는 게송.

　내 이제 향탕수로써

　고혼과 유정에게 관욕을 시키나니

　몸과 마음을 씻어 청정히 하고

　진공에 들어 항상 즐거운 고향(열반의 세계)을 증득하소서.

　我今以此香湯水　灌浴孤魂及有情
　아 금 이 차 향 탕 수　관 욕 고 혼 급 유 정

　身心洗滌令淸淨　證入眞空常樂鄕
　신 심 세 척 영 청 정　증 입 진 공 상 락 향

7. 목욕진언沐浴眞言: 〈법주 독창〉 목욕을 알리는 진언.

　옴 바타모 사니사 아모카 아레훔 (3번)

　唵 婆多謨 娑尼沙 阿謨伕 阿隷吽

　법주 스님이 목욕진언을 3번 한 후 바라지가 관욕바라를 알리는 관욕쇠 대칭을 치면 스님은 관욕방 앞에 나아가 관욕쇠에 맞추어 바라무를 한다.

8. 관욕게 바라: 관욕쇠 태징에 맞추어 바라춤이 이어진다.

관욕게 바라무는 영혼과 고통받는 지옥중생들에게도 부처님의
법을 일러주기 위한 작법무이다.

9. 작양지진언嚼楊枝眞言:〈법주 독창〉버들가지로 이를 닦으라는
   진언이다.(인도 풍습에서 유래)

   옴 바아라하 사바하 (3번)

   唵 婆阿羅賀 莎婆訶

10. 수구진언漱口眞言:〈법주 독창〉입을 깨끗이 헹구는 진언이다.

    옴 도도리 구로구로 사바하 (3번)

    唵 度度哩 九魯九魯 莎婆訶

11. 세수면진언洗手面眞言:〈법주 독창〉손과 얼굴을 씻는 진언
    이다.

    옴 사만다 바리 숫제훔 (3번)

    唵 三滿多 婆哩 述帝吽

12. 가지화의편加持化衣篇:〈법주 독창〉영가에게 특별한 옷을 준비
    하였다는 글.

모든 불자여, 관욕이 이
미 다 두루하여 몸과 마
음이 함께 깨끗하였나니
이제 여래의 무상비밀의
말씀으로써 명부 옷으로
변화하오니, 원컨대 한
벌의 옷이 많은 옷이 되
고 또 많은 옷이 다함이
없는 옷이 되어서 몸에
꼭 맞게 되어 길지도 않
고 짧지도 않으며 좁지도
않고 넓지도 아니하다.

관욕의식-관욕게바라

과거 전생에 입던 옷보다 더 좋은 옷으로써 해탈의 옷이 되었으

니, 우리 부처님에게는 화의재다라니가 있으니 삼가 생각하라.

諸佛者 灌浴旣周 信心具淨 今以如來無上秘密之言 加持冥衣
제 불 자 관 욕 기 주 신 심 구 정 금 이 여 래 무 상 비 밀 지 언 가 지 명 의

願此一衣
원 차 일 의

爲多衣 以多衣 爲無盡之衣 令稱身形 不長不短不窄不寬 勝
위 다 의 이 다 의 위 무 진 지 의 영 칭 신 형 부 장 부 단 불 착 불 관 승

前所服之衣
전 소 복 지 의

變成解脫之服 故吾佛如來 有化衣財多羅尼 謹當宣念
변 성 해 탈 지 복 고 오 불 여 래 유 화 의 재 다 라 니 근 당 선 렴

13. 화의재진언化衣財眞言: 옷을 태워 법의(깨우침의 옷)로 만드는 진언.

나무 사만다 못다남 옴 바자나 비로기제 사바하 (3번)

裵謨 三滿多 沒多南唵 婆左那 毘盧枳帝 娑婆訶

관욕실 안에서는 이때 종이로 만든 옷(지의紙依)을 소각한다. 화의재진언 징소리에 맞추어 화의재진언 바라무가 이어진다.

*병풍 안에서

• 법주가 화의재 진언을 하면 관욕실에 들어간 스님이 남신구男神軀 여신구女神軀의 종이로 만든 옷을 태워서 향탕水에 넣는다. 지의紙衣를 소각한 후 병풍에 걸린 두 장의 수건을 건다. 지의紙衣로 된 남신구, 여신구의 바지저고리를 태움은 부처님의 법으로 영가의 영을 깨끗이 하여 닦아드리는 의미이다.

• 법주는 아래 게송을 편게성으로 독창獨唱한다.

14. 제불자 지주기주 운운諸佛者 持呪旣周 云云: 깨끗한 법의가 갖추어졌다는 글.

모든 불자여, 염불로써 이미 두루 갖추어졌도다. 옷이 마련되었으니 옷이 없는 자는 이 옷으로 몸을 덮고 옷이 있는 사람은 옛것을 버리고 새로운 것으로 갈아입어, 깨끗한 단으로 나아가는 의복을 정리하라.

諸佛者 持呪旣周 化衣已遍 無衣者 與衣覆禮 有衣者 棄古換
제불자 지주기주 화의이변 무의자 여의복례 유의자 기고환

新 將詣淨壇 先整服飾
신 장예정단 선정복식

15. 수의진언授衣眞言: 〈법주 독창〉 영혼에게 깨달음의 옷 법의法衣를 드리는 진언.

옴 바리마라 바바아리니 훔 (3번)

唵 婆里摩羅 婆縛阿里尼 吽

16. 착의진언着衣眞言: 〈법주 독창〉 옷을 입으라고 권하는 진언.

옴 바아라 바사세 사바하 (3번)

唵 縛日羅 婆娑處 莎婆訶

• 옷을 단정히 입히는 진언으로 아래 글귀를 진언성으로 한다.

17. 정의진언整衣眞言: 〈법주 독창〉 옷을 단정하게 입히는 진언.

옴 삼만다 바다라나 바다메 홈 박 (3번)

唵 三滿多 婆多羅那 婆多米 吽 泮

- 영가는 목욕을 마치고 욕실에서 나와 부처님 뵙기를 권하며 요령을 한 번 흔든 후 아래 글을 염송한다.

18. 출욕참성出浴參聖: 〈법주 독창〉 관욕 의식을 마치고 부처님께 예경하는 글.

모든 불자들이여, 이미 옷을 두루 정제했으니 가히 단장에 나아가서 삼보자존에게 예배하고 일승의 묘법을 듣고 향욕을 여의기를 청하오니, 마땅히 정단에 나아가 합장하고 정성스런 마음으로써 서서히 나아가라.

諸佛者 旣周服飾 可詣壇場 禮三寶之慈尊 聽一乘之, 妙法請
제불자 긔주복식 가예단장 예삼보지자존 청일승지 묘법청

離香浴 當赴淨壇 合掌專心除步前進
리향욕 당부정단 합장전심제보전진

- 법주 스님 진언에 증사 스님이 결수로 상단을 가리키면 영가 위
  패를 모셔 상단을 향해 예禮를 올린다.

19. 지단진언指壇眞言: 〈법주 독창〉 관욕 의식을 마치고 영혼이 좌
    정할 곳을 일러 하단(영혼단, 감로단)으로 향하는 진언이다.

옴 에이혜 베로자나야 사바하 (3번)

唵 曳二惠 吠魯佐那野 莎婆訶

- 아래 글귀를 대중창으로 한다.

20. 가영歌詠: 찬탄의 글.

법신은 백억 세계에 두루 가득하고, 금색의 넓은 광명이 인천,
즉 하늘과 인간 세상을 고루 비추나니, 사물에 응하여 형상을
나타내심이 연못 가운데 달 같고, 몸은 원만한 보련대 위에 바
르게 앉아 계시도다.

法身遍滿百億界普放金色照人天 應物現形潭底月 體圓正坐寶
법신변만백억계보방금색조인천 응물현형담저월 체원정좌보

蓮臺
련 대

21. 산화락散花落: 꽃을 뿌려 드리옵니다.

산화락散花落 (3번)

22. 나무대성인로왕보살:

길을 인도하는 인로왕보살에게 귀의합니다.
인성引聖—나무대성인로왕보살南無大聖引路王菩薩

'나무대성인로왕보살' 글귀를 짓소리로 지으며 일체 대중은 도
량으로 들어온다.
나무대성인로왕보살 (3번)

• 대중과 더불어 길을 인도하는 인로번引路幡과 영가 위패가 재도
량에 들어와 예를 올린다.

23. 정중게庭中偈: 〈법사 독창〉

한 걸음 더 움직이지 아니하고 물과 구름 사이로 와서,
이 아란야(사찰, 절)까지 왔으니 금당金堂에 들어가서 부처님께

예하소서.

一步曾不動　來向水雲間
일 보 증 부 동　내 향 수 운 간

旣到阿練若　入室禮金仙
기 도 아 련 야　입 실 례 금 선

• 법당 문을 열고 나서기를 아뢰는 글귀로 대중이 아래 글을 동음
  으로 한다.

24. 개문게開門偈:〈법사 독창〉

발을 걸으면 미륵보살을 만날 수 있고,

문을 열면 석가모니부처님을 볼 수 있을 것입니다.

무상존에게 세 번 예를 하고

부처님 전에서 유희하소서.

捲箔逢彌勒　開門見釋迦
권 박 봉 미 륵　개 문 견 서 가

三三禮無上　遊戲法王衆
삼 삼 예 무 상　유 희 법 왕 중

• 이제 관욕을 마치고 청정한 몸으로 고혼孤魂으로 하여금 불단의
  성현 뵙기를 고하는 글로, 법주가 요령을 한 번 흔든 후 아래 글
  을 독창한다.

25. 가지례성加持禮聖: 〈법주 독창〉 이제 청정한 몸으로 성현께 예를 올리기를 고하는 글.

위로부터 내려온 의식은 명부세계 유정들을 깨끗한 단에 인도하기 위함이니, 이제 응당 삼보님께 예를 올리소서. 무릇 삼보란 정각을 이룬 삼신(법신·보신·화신)과 부처님의 일대 교설을 담은 5종의 법문과 삼현 십성의 존귀한 존재와 사과 이승의 대중이로다. 그대들은 법회에 참석하여 향의 잔치에 나아갈 수 있게 되었으니, 삼보란 만나기 어렵다는 생각으로 일심을 기울여 믿고 예하소서. 아래로 널리 예하는 계율이 있으니 대중은 말을 따라 화답하소서.

上來 爲 冥道有情 引入淨壇已竟 今當禮奉 三寶 夫 三寶者
상래 위 명도유정 인입정단기경 금당예봉 삼보 부 삼보자

三身正覺 五敎靈文 三賢 十聖之尊 四果二乘之衆 汝等 旣來
삼신정각 오교영문 삼현 십성지존 사과이승지중 여등 기래

法會 得赴香筵 想 三寶之難逢 傾一心之信禮 下有普禮之偈
법회 득부향연 상 삼보지난봉 경일심지신례 하유보례지게

大衆隨言後和
대중수언후화

26. 보례삼보普禮三寶: 삼보(불·법·승) 전에 세 번 예를 올립니다.

〈법주가 독창하면 아래소리를 대중이 동음으로 창한다.〉
널리 시방에 상주하시는 법신·보신·화신 불타게 예를 올립니다.

78

널리 시방에 상주하시는 가르침의 법(경장·율장·논장)에 예를
올립니다.

널리 시방에 상주하시는 보살·연각·성문·승가께 예를 올립
니다.

普禮十方常住　法身報身化身諸佛陀
보 례 시 방 상 주　법 신 보 신 화 신 제 불 타

普禮十方常住　經藏律藏論藏諸達磨
보 례 시 방 상 주　경 장 율 장 논 장 제 달 마

普禮十方常住　菩薩緣覺聲聞諸僧伽
보 례 시 방 상 주　보 살 연 각 성 문 제 승 가

• 법주가 아래 글귀를 독창한다.

27. 제불자 행봉성회 운운諸佛者 幸逢聖會 云云

모든 불자여, 다행히 성현의 모임을 만나, 삼보 자존에게 예를
마치고 마땅히 만나기 드문 마음이 생겨, 가히 만나기 어려운
생각을 발하여 마땅히 명연에 나아가, 다 같이 진수를 흠향하고
각각 묘도를 갖추소서.

諸佛者 幸逢聖會 已禮慈尊 宜生罕遇之心 可發難遭之想 請
제 불 자 행 봉 성 회 이 례 자 존 의 생 한 우 지 심 가 발 난 조 지 상 청

離壇所 當赴冥筵 同享珍羞 各求妙道
리 단 소 당 부 명 연 동 향 진 수 각 구 묘 도

28. 법성계法性偈: 대중이 함께 도량을 돌며 법성게를 염송한다.

법성원융무이상 제법부동본래적 무명무상절일체
法性圓融無二相 諸法不動本來寂 無名無相絶一切

증지소지비여경 진성심심극미묘 불수자성수연성
證智所知非餘境 眞性甚深極微妙 不守自性隨緣成

일중일체다중일 일즉일체다즉일 일미진중함시방
一中一切多中一 一卽一切多卽一 一微塵中含十方

일체진중역여시 무량원겁즉일념 일념즉시무량겁
一切塵中亦如是 無量元劫卽一念 一念卽是無量劫

구세십세호상즉 잉불잡란격별성 초발심시변정각
九世十世互相卽 仍不雜亂隔別成 初發心時便正覺

생사열반상공화 이사명연무분별 십불보현대인경
生死涅槃常共和 理事冥然無分別 十佛普賢大人境

능인해인삼매중 번출여의부사의 우보익생만허공
能仁海印三昧中 繁出如意不思議 雨寶益生滿虛空

중생수기득이익 시고행자환본제 파식만상필부득
衆生隨器得利益 是故行者還本際 巴息妄想必不得

무연선교착여의 귀가수분득자량 이다라미무진보
無緣善巧捉如意 歸家隨分得資糧 以陀羅尼無盡寶

장엄법계실보전 궁좌실체중도상 구래부동명위불
莊嚴法界實寶殿 窮坐實際中道床 舊來不動名爲佛

29. 괘전게掛錢偈:

모든 부처님은 크고 둥근 거울과 같이, 필경 친소나 내외가 없
으며, 금일 모인 어른들(부모)의 미목을 바른 상으로 일깨워 주
시네.

諸佛大圓鏡　畢竟無內外　爺孃今日會　眉目正相撕
제 불 대 원 경　필 경 무 내 외　야 양 금 일 회　미 목 정 상 시

'필경'이란 구극, 지극의 뜻으로, 번뇌 등으로 오염된 것을 없앤 절대 청정한 진리를 필경정이라 하며, 위 게송을 마치면서 영가 위패를 하단에 모신다.

30. 수위안좌受位安座:〈법주 독창〉영가단으로 인도하여 청정한 몸으로 좌정하기를 권하는 글.

모든 불자여, 위로부터 부처님의 섭수하심을 받들고 법의 가지(가피와 감응)로써 이미 죄의 얽힘이 없어져 법회에 임하였으니 소요(자유자재로 다님)를 얻기 원한다면 자리에 앉으소서. 아래에 자리가 편안해지는 게송이 있으니, 대중은 말을 따라 화답하소서.

諸佛者 上來承佛攝受 仗法加持 既無囚繫以臨筵 願獲逍遙而
제 불 자 상 래 승 불 섭 수 장 법 가 지 기 무 수 계 이 임 연 원 획 소 요 이

就座 下有安座之偈 大衆讐言後和
취 좌 하 유 안 좌 지 게 대 중 수 언 후 화

• 법주가 선창하면 대중은 뒤 구절을 대중창으로 한다.

31. 안좌게安座偈:

내가 이제 가르침을 의지하여 빛나는 재를 베풀어

가지가지 음식을 자리 앞에 준비하였사오니,

크고 작은 모든 영가는 차례대로 앉아서

정성스런 마음으로 부처님 말씀과 인연설을 자세히 들으소서.

我今依教說華筵　種種珍羞列座前
아 금 의 교 설 화 연　종 종 진 수 열 좌 전

大小宣位次第坐　專心諦聽演金言
대 소 선 위 차 제 좌　전 심 체 청 연 금 언

수위안좌진언受位安座眞言:

옴 마니 군다니 훔훔 사바하 (3번)

唵 摩尼 郡多尼 吽吽 莎婆訶

• 이제까지 삼보례가 끝나면 원래 자리 영단에 편히 앉아 차를 한
잔 하고 쉬게 한 후에, 다음을 가영송으로 바라지가 한다.

32. 다게茶偈:〈바라지가 독창한다〉차를 올리는 글.

백 가지 초목 중 새로운 한 맛을

조주 스님은 언제나 누구에게나 권했네.

금일 이 차를 정성껏 달였사오니

영가시여, 윤회의 고통 면하소서.

百草林中一味新 趙州常勸幾千人 烹將石鼎江心水
백 초 임 중 일 미 신　조 주 상 권 기 천 인　팽 장 석 정 강 심 수

願使亡靈歇苦輪 願使孤魂歇苦輪 願使諸靈歇苦輪
원 사 망 령 헐 고 륜　원 사 고 혼 헐 고 륜　원 사 제 령 헐 고 륜

• 이로써 관욕 의식은 끝이 난다.

4) 신중작법 神衆作法

신중神衆을 받들어 호법선신護法善神을 청해 모시는 절차로 금일
재도량을 옹호하여 도량을 청정케 하고, 항상 불법을 수호하고 불
법을 듣기 원하는 39위의 신중을 봉청奉請해 모시는 의식이다.

(1) 절차

금일 재齋가 원만회향圓滿回向하여 상주권공재 법회 도량에 모인
여러 대중까지 옹호해 달라고 봉청하여 공양을 베푼다.

　1. 옹호게擁護偈 → 2. 거목擧目 39위 창불(상단, 중단, 하단) → 3.
가영歌詠 → 4. 고아게故我偈 → 5. 다게茶偈 → 6. 탄백歎白

　보통 상주권공재에서는 소창불小唱佛로 39위를 청하고 영산재

바라무

에서는 104위를 봉청한다.

- 재도량齋道場에 신중을 청해 모시기 위해 아래 글을 대중이 동음으로 소리를 짓는다.

1. 옹호게擁護偈: 반짓소리 〈원래 대중창 곡이나 독창으로 녹음됨〉

    팔부금강은 이 도량을 옹호하소서.
    허공신은 속히 나아가 천왕을 보필하여
    삼계의 모든 하늘 천왕이 모였으니
    불국토의 상서장엄 이루어지이다.

八部金剛護道場　空神速赴報天王
팔 부 금 강 호 도 량　공 신 속 부 보 천 왕

三界諸天咸來集　如今佛刹補禎祥
삼 계 제 천 함 래 집　여 금 불 찰 보 정 상

• 위 소리가 끝나면 대중 스님이 요잡바라무를 한다.

2. 신중거목神衆擧目: 봉청奉請 반짓소리 〈독창〉

'봉청' 소리가 끝나면 아래의 글을 창불성으로 읽어 내려 간다.

상단창불上壇唱佛 12위

무상함을 관찰하사 소임을 행하는 바 평등하신 헤아릴 수 없는
자재천왕 받들어 청합니다.

奉請　觀察無常　所行平等　無數　大自在天王
봉 청　관 찰 무 상　소 행 평 등　무 수　대 자 재 천 왕

언제나 고요히 그 가운데 안주하신 한량없는 광과천왕 받들어
청합니다.

奉請　皆以寂靜　安住其中　無量　廣果天王
봉 청　개 이 적 정　안 주 기 중　무 량　광 과 천 왕

넓고 크신 법문으로 부지런히 이익 짓는 한량없는 변정천왕 받

들어 청합니다.

奉請 廣大法門 勤作利益 無量 徧淨天王
봉청 광대법문 근작이익 무량 변정천왕

넓고 크며 고요하며 걸림 없는 무애법문 한량없는 광음천왕 받

들어 청합니다.

奉請 廣大寂靜 無碍法門 無量 光音天王
봉청 광대적정 무애법문 무량 광음천왕

큰 자비 모두 갖춰 중생들을 아끼시는 불가사의수 대범천왕 받

들어 청합니다.

奉請 皆具大慈 憐愍衆生 不可思議數 大梵天王
봉청 개구대자 연민중생 불가사의수 대범천왕

선교방편 닦고 익혀 광대한 법문 넓고 크신 무수 타화자재천왕

받들어 청합니다.

奉請 修習方便 廣大法門 無數 他化自在天王
봉청 수습방편 광대법문 무수 타화자재천왕

중생들을 조복하여 해탈케 하옵시는 한량없는 화락천왕 받들

어 청합니다.

奉請 調伏衆生 令得解脫 無量 化樂天王
봉청 조복중생 영득해탈 무량 화락천왕

언제나 제불명호 부지런히 염송하는 불가사의수 도솔천왕 받들어 청합니다.

奉請 皆勤念持 諸佛名號 不可思議數 兜率陀天王
봉청 개근염지 제불명호 불가사의수 도솔타천왕

언제나 광대한 선근 부지런히 수습하는 한량없는 야마천왕 받들어 청합니다.

奉請 皆勤修習 廣大善根 無量 夜摩天王
봉청 개근수습 광대선근 무량 야마천왕

언제나 일체세간 부지런히 일깨우는 한량없는 삼십삼천 받들어 청합니다.

奉請 皆勤發起 一切世間 無量 三十三天王
봉청 개근발기 일체세간 무량 삼십삼천왕

언제나 닦고 익혀 중생을 이익케 하옵시며 한량없는 일천자께 받들어 청합니다.

奉請 皆勤修習 利益衆生 無量 日天子
봉청 개근수습 이익중생 무량 일천자

언제나 중생들의 마음 보배 나타내는 한량없는 월천자께 받들어 청합니다.

奉請 皆勤現發 衆生心寶 無量 月天子
봉청 개근현발 중생심보 무량 월천자

다만 오직 바라오니 자비하신 신중이여, 이 자리에 다가오사 이 도량을 옹호하고

마음 공양 받으신 뒤 보리심을 발하여서 바야흐로 불사 짓고 중생제도 하옵소서.

唯願　神將慈悲　擁護道場　成就佛事〈대중창〉
유원　신장자비　옹호도량　성취불사

• 한 스님이 '유원자비성취불사' 가사를 대중창으로 한 후 아래 가영성을 독창하고, 마지막 고아게告我偈는 대중이 일제히 동음으로 한다,

4. 고아게告我偈:〈대중창〉

가영歌詠 〈독창〉

욕계, 색계, 무색계 모든 성중 언제든지 부처님 회상에 자비위엄 나투시네.

그러기에 평등하게 두루 관찰할 수 있고, 중생구원 위하시되 피로함이 없으시네.

지극한 마음으로 귀명정례 합니다.

欲色諸天諸聖衆　常隨佛會現慈嚴所　行平等普觀察　爲救衆生無
욕색제천제성중　상수불회현자엄소　행평등보관찰　위구중생무

疲厭
피염

故我一心 歸命頂禮 〈大衆唱〉
고 아 일 심 　귀 명 정 례　　대 중 창

• 한 스님이 아래 중단 창불을 홋소리로 한다.

중단창불中壇唱佛 8위

믿음 이해 깊이 내고 환희심의 자애 무거우신 한량없는 건달바

왕 받들어 청합니다.

奉請 深省信解 歡喜愛重 無量 乾闥婆王
봉 청 　심 생 신 해 　환 희 애 중 　무 량 　건 달 바 왕

걸림 없는 법문으로 넓은 대광명 놓으시는 한량없는 구반다왕

받들어 청합니다.

奉請 無碍法門 廣大光明 無量 鳩槃茶王
봉 청 무 애 법 문 광 대 광 명 무 량 구 반 다 왕

구름 일으켜 비를 뿌려 열뇌 없애 주옵시는 한량없는 제대용왕

받들어 청합니다.

奉請 興雲布雨 悅惱除滅 無量 諸大龍王
봉 청 흥 운 포 우 열 뇌 제 멸 무 량 제 대 용 왕

언제나 부지런히 일체중생 수호하는 한량없는 야차왕 받들어

청합니다.

奉請 皆根守護 一切衆生 無量 夜叉王
봉 청 개 근 수 호 일 체 중 생 무 량 야 차 왕

넓고 크신 방편으로 의심 그물 길이 끊는 한량없는 마후라왕 받

들어 청합니다.

奉請 廣大方便 永割癡網 無量 摩睺羅王
봉 청 광 대 방 편 영 할 치 망 무 량 마 후 라 왕

마음 항상 즐겁고 자재유희 하옵시는 한량없는 긴나라왕 받들

어 청합니다.

奉請 心恒快樂 自在遊戲 無量 緊那羅王
봉 청 심 항 쾌 락 자 재 유 희 무 량 긴 나 라 왕

선교방편 성취하여 중생구원 하옵시는 불가사의수 가루라왕
받들어 청합니다.

奉請 成就方便 救攝衆生 不可思議數 迦樓羅王
봉 청 성 취 방 편 구 섭 중 생 불 가 사 의 수 가 루 라 왕

모두 이미 정근하여 아만심을 조복 받은 한량없는 아수라왕 받
들어 청합니다.

奉請 悉已精勤 摧伏我慢 無量 阿修羅王
봉 청 실 이 정 근 최 복 아 만 무 량 아 수 라 왕

다만 오직 바라오니 자비하신 신중이여, 윗자리에 오시여 이 도
량을 옹호하고 마음 공양 받으시고 보리심을 발하여서 바야흐
로 불사를 짓고 중생제도 하옵소서.

唯願 神將慈悲 擁護道場 成就佛事〈대중창〉
유 원 신 장 자 비 옹 호 도 량 성 취 불 사

• 한 스님이 아래 글을 가영성으로 하고, 마지막 글은 대중이 동
  음으로 한다.

가영歌詠〈독창〉

팔부의 모든 신장과 사천왕이 이 모임에 참여하니 마음 항상 쾌
락하고 이익 또한 끝이 없네.

한결같이 해탈방편 부지런히 힘을 써서 마구니 섭복하고 크신

위엄 떨치시네.

지극한 마음으로 귀명정례 합니다.

八部四王來赴會 心恒快諾利無窮 皆勤解脫方便力 攝伏群魔振
팔 부 사 왕 래 부 회　심 항 쾌 락 이 무 궁　개 근 해 탈 방 편 력　섭 복 군 마 진

威雄
위 웅

故我一心 歸命頂禮 〈大衆唱〉
고 아 일 심　귀 명 정 례　　대 중 창

• 아래 글을 한 스님이 독창한다.

하단창불下壇唱佛 19위

언제든지 묘법에서 믿음 이해 능히 내는 한량없는 주주신 받들

어 청합니다.

奉請 皆於妙法 能生信解 無量 主晝神
봉 청　개 어 묘 법　능 생 신 해　무 량　주 주 신

부지런히 수행하는 법으로써 낙을 삼는 한량없는 주야신 받들

어 청합니다.

奉請 皆勤修習 以法爲樂 無量 主夜神
봉 청　개 근 수 습　이 법 위 락　무 량　주 야 신

밝은 빛을 두루 놓아 시방세계 비추시는 한량없는 주방신 받들

어 청합니다.

奉請 普放光明 恒照十方 無量 主方神
봉 청　보 방 광 명　항 조 시 방　무 량　주 방 신

마음의 때 모두 벗어버리고 넓고 크고 밝고 맑은 한량없는 주공

신 받들어 청합니다.

奉請 心皆離垢 廣大明潔 無量 主空神
봉 청　심 개 이 구　광 대 명 결　무 량　주 공 신

부지런히 아만심을 모두 흩어 없애시는 한량없는 주풍신 받들

어 청합니다.

奉請 皆根散滅 我慢之心 無量 主風神
봉 청　개 근 산 멸　아 만 지 심　무 량　주 풍 신

광명으로 시현하고 열뇌 없애 주시는 한량없는 주화신 받들어

청합니다.

奉請 示現光明 熱惱除滅 無量 主火神
봉 청　시 현 광 명　열 뇌 제 멸　무 량　주 화 신

언제든지 일체중생 부지런히 구호하는 한량없는 주수신 받들

어 청합니다.

奉請 常勤救護 一切衆生 無量 主水神
봉 청　상 근 구 호　일 체 중 생　무 량　주 수 신

가없는 큰 바다 공덕으로 가득 채운 한량없는 주해신 받들어 청
합니다.

奉請 功德大海 充滿其中 無量 主海神
봉 청 공 덕 대 해 충 만 기 중 무 량 주 해 신

언제든지 이익 중생 그것만을 생각하는 한량없는 주하신 받들
어 청합니다.

奉請 皆根作意 利益衆生 無量 主河神
봉 청 개 근 작 의 이 익 중 생 무 량 주 하 신

크신 기쁨 성취불사 얻지 않음 없으오신 한량없는 주가신 받들
어 청합니다.

奉請 莫不皆得 大喜成就 無量 主稼神
봉 청 막 불 개 득 대 희 성 취 무 량 주 가 신

번뇌 여읜 성품으로 인자하게 중생 돕는 한량없는 주약신 받들
어 청합니다.

奉請 性皆離垢 仁慈祐物 無量 主藥神
봉 청 성 개 이 구 인 자 우 물 무 량 주 약 신

자애하신 밝은 광명 한량없이 모두 지닌 불가사의수 주림신 받
들어 청합니다.

奉請 皆有無量 可愛光明 不可思議數 主林神
봉 청 개 유 무 량 가 애 광 명 불 가 사 의 수 주 림 신

언제든지 모든 법에 맑은 눈빛 주옵시는 한량없는 주산신 받들어 청합니다.

奉請 皆於諸法 得淸淨眼 無量 主山神
봉 청 개 어 제 법 득 청 정 안 무 량 주 산 신

모든 부처님을 가까이서 모시면서 복과 업을 한가지로 함께 닦아 가옵시는, 부처님 세계의 티끌처럼 헤아릴 수 없는 주지신 받들어 청합니다.

奉請 親近諸佛 同修福業 佛世界微塵數 主地神
봉 청 친 근 제 불 동 수 복 업 불 세 계 미 진 수 주 지 신

여래께서 머무시는 아름다운 궁전들을 장엄하고 깨끗하게 함께 이루어 가옵시는, 부처님 세계의 티끌처럼 헤아릴 수 없는 주성신 받들어 청합니다.

奉請 嚴淨如來 消去宮殿 佛世界微塵數 主城神
봉 청 엄 정 여 래 소 거 궁 전 불 세 계 미 진 수 주 성 신

견고하고 깊은 원력 모두모두 성취하고 널리 일체 부처님께 공양하는 마음 내는, 부처님 세계의 티끌처럼 헤아릴 수 없는 도량신 받들어 청합니다.

奉請 成就願力 廣興供養 佛世界微塵數 道場神
봉 청 성 취 원 력 광 흥 공 양 불 세 계 미 진 수 도 량 신

거룩하신 제불여래 가까이서 모시면서 한결같이 이끄시며 버리는 일 없는, 부처님 세계의 티끌처럼 헤아릴 수 없는 족행신 받들어 청합니다.

奉請 親近如來 修逐不捨 佛世界微塵數 足行神
봉청 친근여래 수축불사 불세계미진수 족행신

크고 광대한 원력들을 한결같이 성취하고 일체 모든 부처님께 끊임없이 공양하는, 부처님 세계의 티끌처럼 헤아릴 수 없는 신중신 받들어 청합니다.

奉請 成就大願 供養諸佛 佛世界微塵數 神衆神
봉청 성취대원 공양제불 불세계미진수 신중신

크고 넓고 깊은 원력 언제든지 발하여서 일체 모든 부처님께 끊임없이 공양하는, 부처님 세계의 티끌처럼 헤아릴 수 없는 집금강신 받들어 청합니다.

奉請 恒發大願 供養諸佛 佛世界微塵數 執金剛神
봉청 항발대원 공양제불 불세계미진수 집금강신

다만 오직 바라오니 자비하신 신중이여, 이 자리에 다가오사 이 도량을 옹호하고
마음 공양 받으신 뒤 보리심을 발하여서 바야흐로 불사 짓고 중생제도 하옵소서.

唯願 神將慈悲 擁護道場 成就佛事
유원 신장자비 옹호도량 성취불사

- 한 스님이 가영성을 독창하고, 마지막 고아게告我偈는 대중이
  동음으로 한다.

가영歌詠 〈독창〉

품류가 가없고 형색이 각각 다르지만, 그 원력을 따라 신통을
나투어서, 불법을 봉행하고 늘 보호하며, 중생 모두 하나같이
이익 되게 하도다.
지극한 마음으로 귀명정례 합니다.

바라무

品類無邊形色別　隨其願力現神通奉行佛法常爲護　利益衆生一
품 류 무 변 형 색 별　수 기 원 력 현 신 통 봉 행 불 법 상 위 호　이 익 중 생 일

切同
절 동

故我一心　歸命頂禮〈大衆唱〉
고 아 일 심　귀 명 정 례　　대 중 창

• 아래 글을 한 스님이 독창한 후 요잡바라를 친다.

5. 다게茶偈:〈독창〉

　향기롭고 청정한 감로다

　자비하신 삼보님의 위신력 입어

　옹호회상 제석님께 올립니다.

　바라옵건대 자비로써 거둬주소서.

　清淨茗茶藥　能除病昏沈　唯冀擁護衆
　청 정 명 다 약　능 제 병 혼 침　유 기 옹 호 중

　願垂哀納受　願受哀納受　願受慈悲哀納受
　원 수 애 납 수　원 수 애 납 수　원 수 자 비 애 납 수

　위 다게 게송을 마치면 요잡바라가 이어진다.

• 대중이 일제히 아래 글을 동음으로 한다.

6. 탄백歎白:〈대중창〉 옹호신을 찬미하는 게송.

제석천왕은 지혜가 밝고 밝아

사주四洲의 인간사를 다 아시고

중생들을 아기처럼 사랑하시니

그러기에 제가 이제 경례합니다.

帝釋天王慧鑑明　四洲人事一念知
제 석 천 왕 혜 감 명　사 주 인 사 일 념 지

哀愍衆生如赤子　是故我今恭敬禮
애 민 중 생 여 적 자　시 고 아 금 공 경 례

• 이로써 하단의 영가 및 중단의 신중을 복청하는 의식을 마치고
  상단권공에 들어간다.

5) 상단권공上壇勸供

(1) 의미

상단 불보살을 청하여 예를 갖추어 공양 올리며 금일 재의 내용을
소상히 밝히는 절차이다. 불보살님께 공양을 올린 후, 불법의 가
피를 발원發願하는 내용으로 상주권공재의 가장 핵심이다. 범패
안채비, 바깥채비(홋소리, 짓소리), 화청과 작법무로 진행된다.

  상단권공은 불보살께 향, 등 공양과 도량을 청정이 하여 대중이
예를 갖춘 후 진언 등으로 도량은 물론 마음까지 청정케 한 후, 경
을 열어 부처님을 대신하여 법사 스님의 법문을 청해 듣고 다시

진언으로 단을 꾸민다.

금일 불공의 대상인 불보살께 진언으로 소청하여 불공을 받드
는 사유인 유치의 글로 불보살께서 강림해 주실 것을 청하는 청사
와 부처님 덕을 찬탄하고 지극한 마음으로 귀의함과 더불어 거룩
한 자리에 모시고 차 공양과 사다라니, 그리고 공양의 올림과 법
회의 회향을 알리는 진언 등으로 이어진 후, 재가 원만 성취되고
경의 빠진 부분을 알리는 진언과 마지막으로 일반인도 쉽게 알아
들을 수 있도록 회심곡 및 축원화청으로 권공이 진행된다.

(2) 절차

상단권공의 의식 절차는 1. 할향喝香, 2. 등게燈偈, 3. 정례頂禮, 4.
합장게合掌偈, 5. 고향게告香偈, 6. 상부개계詳夫開啓, 7. 쇄수게灑水
偈, 8. 천수경, 9. 복청게伏請偈, 10. 천수바라千手波羅, 11. 사방찬四
方讚, 12. 도량게道場偈, 13. 참회게懺悔偈 및 참회진언懺悔眞言〈법
문을 할 경우는 정대게부터~귀명게까지 한다〉, 14. 정대게頂戴偈,
15. 개경게開經偈, 16. 개법장진언(三南馱), 17. 심념청정법신 운운
十念淸淨法身 云云, 18. 거량擧揚 /수위안좌진언受位安坐眞言, 19. 청
법게請法偈, 20. 설법게說法偈〈법문〉, 21. 보궐진언補闕眞言, 22. 수
경게收經偈, 23. 사무량게四無量偈, 24. 귀명게歸命偈, 25. 준제공덕
취 운운~정법계진언까지, 26. 거불擧佛, 27. 보소청진언普召請眞言,
28. 유치由致, 29. 청사請辭, 30. 향화청香花請 /내림게바라, 31. 가

바라무

영歌詠, 32. 고아게故我偈, 33. 헌좌게獻座偈 /헌좌진언獻座眞言, 34. 욕건이欲建而 /정법계진언淨法界眞言, 35. 다게茶偈, 36. 향수나렬香需羅列, 37. 특사가지特賜加持, 38. 사다라니四陀羅尼, 39. 운심게運心偈, 40. 가지게加持偈, 41. 보공양진언普供養眞言, 42. 보회향진언普回向眞言, 43. 사대주四大呪, 44. 원성취진언願成就眞言, 45. 보궐진언普闕眞言, 46. 예참禮懺 / 정근精勤, 47. 탄백嘆白, 48. 원아게願我偈, 49. 회심곡回心曲, 50. 축원화청祝願和淸으로 구성된다.

상기 50가지 절차 가운데 작법무의 나비무, 바라무, 법고무가 진행되는 게송은 3. 정례작법 후 요잡바라무, 법고무, 10. 천수바라무, 12. 도량게작법 후 법고무 지옥게작법, 16. 삼남태작법, 30.

향화청 후 사방요신, 34. 욕건이작법, 35. 다게작법, 38. 사다라니 바라무, 39. 운심게작법에서 진행된다.

1. 할향喝香: 홋소리 〈독창〉 삼보님께 향을 올리며 향의 덕을 찬탄하고, 의식의 시작을 대중에게 알리는 게송.

   한 조각 향이오나 정성으로 올리나니,
   향의 덕 두루함 어찌 헤아릴 수 있으오니까.
   아래로 티끌 같은 사바세계 바치옵고,
   위로는 다섯 수미계도 그늘에 있사옴을.
   奉獻一片香 德用難思議 根盤塵沙界 葉覆五須彌
   봉 헌 일 편 향   덕 용 난 사 의   근 반 진 사 계   엽 복 오 수 미

• 착복을 수한 사미승이 꽃을 한 송이 들고 상단上壇을 향해 할향을 독창한다.

2. 등계燈偈: 홋소리 〈1·3구 독창. 2·4구 대중창으로 이루어진다〉 삼보님 전에 향을 사루며 오분법신이 회복되기를 발원하는 게송.

   오분향(계향, 정향, 혜향, 해탈향, 해탈지견향) 시방국토에 향냄새 풍기었네.

원하옵건대 이 향과 연기 또한 이와 같이 나와 다름없이 오분신에 퍼져 나타났네.

戒定慧解知見香 遍十方刹常芬馥 願此香烟亦如是 勳現自他五
계 정 혜 해 지 견 향　변 시 방 찰 상 분 복　원 차 향 연 역 여 시　훈 현 자 타 오

分身
분 신

계정타이점 혜일점법중기립戒定打二點 慧一點法衆起立: 계戒와 정定을 할 때 두 번 치고, 혜慧를 할 때에 한 번 치고 범종할 때 일어선다는 뜻.

※계와 정을 할 때 쇠를 두 번 치고, 혜를 할 때 한 번 치고 대중이
　　일어선다.

3. 정례頂禮: 홋소리 〈나비무〉 삼보님께 귀명을 나타내는 게송.

시방에 상주하신 삼보(불·법·승)께 귀의합니다.

歸命十方常住佛(나비무)(소리 후 바라무)
귀 명 시 방 상 주 불

歸命十方常住法(나비무)(바라무)
귀 명 시 방 상 주 법

歸命十方常住僧(나비무)(바라무)
귀 명 시 방 상 주 승

• 각 구절의 소리 각각 마친 후 나비무 정례작법이 이어지고, 정
　레작법이 끝나면 쇠를 몰아 띄고 바라무 요잡바라와 법고무가

나비무

이어지기도 한다. 정례작법은 긔경작법과 동일하며, 시련 절차 시 진행되는 긔경작법을 외긔경外起經이라 하고 정례작법은 내 긔경內起經이라 한다.

4. 합장게合掌偈: 홋소리 〈독창〉 삼업(三業: 신·구·의)을 청정히 하 여, 삼보(三寶: 불·법·승)님의 강림(降臨: 머무름)을 청하는 게송.

두 손을 합치고 보니 마치 한 송이 연꽃이구려.
또한 몸은 부처님의 법을 받드는 공양구요
진실한 형상과 거짓 없는 그 마음
그 향연 가득한 법회를 찬탄합니다.

合掌以爲花　身爲供養具
합 장 이 위 화　신 위 공 양 구

誠心眞實相　讚歎香煙覆
성 심 진 실 상　찬 탄 향 연 복

5. 고향게告香偈: 홋소리 〈1·3구 독창, 2·4구 대중 동음창〉

향연은 가득하여 삼천세계에 두루하고

정과 혜는 능히 팔만 문을 열었으며

오직 삼보님의 대자대비를 바라옵나니

이러한 믿음으로 향을 사르오니 법회에 임하소서.

香煙遍覆三千界　定慧能開八萬門
향 연 변 부 삼 천 계　정 혜 능 개 팔 만 문

唯願三寶大慈悲　聞此信香臨法會
유 원 삼 보 대 자 비　문 차 신 향 임 법 회

6. 상부개게詳夫開偈: 홋소리 〈독창〉

자세히 살펴보니 물에는 만물을 청정케 하는 공이 있사옵고

향에는 그 내음 퍼질 때 차별이 끊어지는 덕이 있사옵기로

감히 물과 향을 불법인 양 뿌리고 사루오니

상락아정 극락정토 이루어지이다.

詳夫　水含淸淨之功　香有普熏之德
상 부　수 함 청 정 지 공　향 유 보 훈 지 덕

故將法水　特熏妙香　灑斯法筵　成于淨土
고 장 법 수　특 훈 묘 향　쇄 사 법 연　성 우 정 토

7. 쇄수게灑水偈: 홋소리 〈독창〉

관세음보살은 중생의 모든 병을 치료하시는 훌륭한 의사의 왕
이시니,

향기로운 법수는 감로 병에 가득하고,

온갖 구름(망상과 번뇌) 감로수 뿌려 씻어버려 좋은 상서 보이
나니,

모든 번뇌 불꽃 뜨거운 진뇌를 녹여 없애어 맑고 시원함 얻나
니라.

觀音菩薩大醫王　甘露瓶中法水香
관 음 보 살 대 의 왕　감 로 병 중 법 수 향

灑濯魔雲生瑞氣　消除熱惱獲淸凉
쇄 탁 마 운 생 서 기　소 제 열 뇌 획 청 량

8. 천수경: 처음부터 신묘장구대다라니까지 하며, '신묘장구대다
라니'만 두 번 반복한다.

9. 복청게伏請偈: 홋소리 〈독창〉

엎드려 청하옵나니 대중들은 신비하고 묘한 불법대다라니를
동음으로 불러 주시옵소서.

伏請大衆同音唱和　神妙章句大陀羅尼
복 청 대 중 동 음 창 화　신 묘 장 구 대 다 라 니

바라춤, 법현

10. 천수바라(신묘장구대다라니 云云): 홋소리 〈대중창〉 – 바라무

○○○○○   나모라   다나   다라   야야   나막   알약   바로
            ○   ○ ○   ○ ○   ○ ○   ○ ○   ○ ○   ○ ○

기제 새바라야 ○○○○○ 모지   사다   바야   마하   사다
○ ○ ○ ○ ● ●   ○   ○ ○   ○ ○   ○ ○   ○ ○

바야 마하가로 니가야 옴 살바 바예수 다라나 가라야
○ ○ ● ● ● ●   ○ ○ ○ ○ ○   ○ ○   ○ ○

다사명 나막 가리 다바 이맘 알야 바로기제 새바라
○ ○   ○   ○ ○ ○ ○ ○ ○ ○ ○ ● ● ● ● ○ ○

다바 니라 간타 나막 하리나야 마발다 이사미 살바타
○   ○ ○ ○ ○ ○ ○ ● ● ● ●   ○ ○ ○ ○   ○ ○

사다남수반
● ● ● ● ●

아예염살바　보다남　바바　말아　미수다감　다냐타오옴
●●●●　○○　○　○　●●●　●●●●

아로계　아로가　마지　로가　지가　란제　혜혜　하례
○○　○○　○　○○　○○　○○　○○　○○

마하모지　사다바　삼마라　삼마라　하리　나야　구로
●●●●　○○　○○　○○　○○　○○　○○

구로갈바　사다야　사다야　도로도로　미연제마하　미연제
●●●●　○○　○○　●●●●　●●●●　○○

다라　다라　다린나례　새바라　자라　자라마라　미마라
○　○○　●●●●　○○　○　●●●●　○○

아마라몰제　예혜혜로계　새바라라아　미사미　나사야　나베
●●●●　●●●●　●●●●　○○　○○　○

사미사미　나사야　모하자라　미사미　나사야　호로　호로
●●●●　○○　●●●●　○○　○○　○　○

마라　호로하례　바나마　나바　사라　사라　시리　시리
○○　●●●●　○○　○　○○　○○　○○　○○

소로　소로　못쟈못쟈　모다야　모다야　매다　리야　니라간타
○○　○○　●●●●　○○　○○　○　○○　●●●●

가마사　날사남　바라　하리　나야마낙　사바하　신다야
○○　○○　○　○○　●●●●　○○　○○

사바하마하　신다야　사바하　신다　유예　새바라야
●●●●　○○　○○　○　○○　●●●●

사바하니라　간타야　사바하　바아라　목카싱하
●●●●　○○　○○　○○　●●●●

목카야　사바하　바나마　하따야　사바하　자가라　욕따야
○○　○○　○○　○○　○○　○○　○○

사바하상카　섭나네　모다나야　사바하　마하라구타　다라야
●●●●　●●●●　○○　●●●●　●●●●　○○

사바하바마　사간타이사　시체다　가릿나　이나야　사바하
● ● ● ●　● ● ● ●　　○ ○　　○ ○　　○ ○　　○ ○

마가라　살마이바　사나야　사바하　나로라　다나　다라　야야
○ ○　　● ― ● ●　○ ○　　○ ○　　○ ○　　○ ○　○ ○　○ ○

나막　알야　바로기제　새바라야　사바하　○ ○ ○
○ ○　○ ○　○ ○ ○ ○　● ● ● ●　○ ○

※재도량에 감로수를 뿌렸으니 정토와 다름없다는 의미로, 홋소
리로 독창한다.

11. 사방찬四方讚: 홋소리 〈독창〉

동방에다 물 뿌리니 온 도량이 깨끗하고
남방에다 물 뿌리니 온 천지가 서늘하며
서방에다 물 뿌리니 이 세계가 정토되고
북방에다 물 뿌리니 영원토록 평안하네.

一灑東方潔道場　二灑南方得清凉
일 쇄 동 방 결 도 량　이 쇄 남 방 득 청 량

三灑西方俱淨土　四灑北方永安康
삼 쇄 서 방 구 정 토　사 쇄 북 방 영 안 강

※청정한 도량을 찬탄하는 의미와 함께 대중이 둥글게 도량을 돌
며 착복을 소한 스님이 나비무를 한 후 바라무를 한다.

나비무

12. 도량게道場偈: 짧은 홋소리 〈대중창〉 - 나비무

온 도량이 깨끗하니

삼보천룡 내리소서.

묘한 진언 외우오니

자비로써 보호해 주소서.

道場淸淨無瑕穢　三寶天龍降此地
도 량 청 정 무 하 례　삼 보 천 룡 강 차 지

我今持誦妙眞言　願賜慈悲密加護
아 금 지 송 묘 진 언　원 사 자 비 밀 가 호

110

• '도량게' 곡은 재의 진행 과정에 따라 소리를 길게 혹은 짧게 줄여서 하며, 도량게는 엄정게嚴淨偈라고도 한다.

※참회게를 하기도 하고 곧바로 대회소大會疏를 읽기도 한다.

13. 참회게(懺悔偈聲): 홋소리 〈독창〉, 참회진언懺悔眞言 〈대중창〉

오랜 겁 동안 내가 지은 악업

그 모두가 탐·진·치로 인해 생겼기에,

이 몸과 마음과 뜻으로 지은 모든 업장

내가 이제 머리 숙여 일심으로 참회하나이다.

我昔所造諸惡業 皆由無始貪嗔癡 從身口意之所生 一切我今皆
아 석 소 조 제 악 업 개 유 무 시 탐 진 치 종 신 구 의 지 소 생 일 체 아 금 개

懺悔
참 회

懺悔皆懺悔 懺悔悉懺悔 懺悔皆悉永懺悔 懺悔大發願已 終身
참 회 개 참 회 참 회 실 참 회 참 회 개 실 영 참 회 참 회 대 발 원 이 종 신

歸命禮三寶
귀 명 례 삼 보

• 각 진언은 대중이 평염불로 동음으로 한다.

참회진언: 옴 살바 못다모디 사다야 사바하. 차경심심의 대중심갈앙 유원대법사 광위중생설 위여선양승회의 아난창설 위신괴 약비양무중진설 귀취하연득편의

무상심심미묘법 백천만겁난조우 아금문견득수지 원아여래

진실의

개법장장언: 옴 아라남 아라다. 나무청정법신비로자나불 원
만보신노사나불 천백억화신석가모니불 구품도사아미타불
당래하생미륵존불 시방삼세일체제불 시방삼세일체존법 대
성문수사리보살 대행보현보살 대비관세음보살 제존보살마
하살 마하반야바라밀까지 염송한다.

- 상주권공재에서는 참회게 후 법사 스님을 청하여 법문을 듣는
  경우 증사이운 및 거량舉揚 혹은 청법게, 설법게를 하고, 법사
  스님 법문 후 수경게, 사무량게, 귀명게, 준제공덕취부터 건단
  진언까지 평염불로 한다.

14. 정대게頂戴偈: 평염불 〈대중창〉 - 경을 머리 위에 올려놓았다는
    게송.

경에 있는 글귀 아직 입 밖에 내기도 전에 검수는 기울어져 있고
경의 내용을 한 구절도 꺼내기 전에 도산지옥이 꺾여지느니라.
이처럼 마음을 쓰면 천생의 업도 없어지거늘
굳이 정대인을 가져올 필요가 있겠는가.

題目未唱傾釖樹　非揚一句折刀山
제 목 미 창 경 쇠 수　비 양 일 구 절 도 산

運心消盡千生業　何況拈來頂戴人
운 심 소 진 천 생 업　하 황 념 래 정 대 인

112

• 경전을 머리 위에 이고 업장소멸을 위해 도량을 도는 것을 내포
하고 있다.

15. 개경게開經偈: 평염불 – 경을 펼친다는 게송.

위없이 심히 깊은 미묘법
백천만겁인들 어찌 만나리.
내 이제 보고 듣고 받아 지니나니
부처님의 진실한 뜻 알아지이다.

無上甚深微妙法　百千萬劫難遭遇
무 상 심 심 미 묘 법　백 천 만 겁 난 조 우
我今聞見得受持　願解如來眞實意
아 금 문 견 득 수 지　원 해 여 래 진 실 의

• '개경게'는 머리에서 경전을 내려놓고 게송을 염송하여 위없이
깊은 미묘한 법은 백천만겁 만나기 어려운 것이라는 생각을 하
고 그 뜻을 알도록 함이다.

16. 개법장진언(三喃太): 짓소리 〈대중창〉, 홋소리 〈대중창〉 – 나비무

옴 아라남 아라다 (3번)

※ "옴 아라남 아라다 옴 아라남"까지 짓소리를 하며 "아라다 옴

아라남 아라다"는 삼남태 작법무를 한다.

17. 십념청정법신 운운十念淸淨法身 云云: 평염불 〈대중창〉

18. 거량擧揚: 안채비 〈독창〉

　수위안좌진언受位安坐眞言: 옴 마니 군다니 훔훔 사바하 (3번)

※법사 스님이 법상에 오르면 한 스님이 목탁을 치며 아래 글을
　낭송하고 대중이 일제히 일어나 삼배로써 예경한 후 좌정한다.
※혹은 청법게 대신 거량擧揚을 한다.

19. 청법게請法偈: 평염불 〈대중창〉 - 법사님께 법을 청하는 글.

　이 경의 깊고 깊은 뜻을
　대중이 목말라 물을 찾듯 법문을 청합니다.
　오직 원하옵건대 큰 법사 스님께서는
　대중을 위하여 자비하고 넓은 마음으로 법을 설하여 주옵소서.
　此經甚深意　大衆心渴仰
　차 경 심 심 의　대 중 심 갈 앙

　惟願大法師　廣爲衆生說
　유 원 대 법 사　광 위 중 생 설

20. 설법게說法偈: 평염불〈대중창〉

 한 광명이 동쪽에서 팔천 국토를 비추어

 대지와 산과 물은 밝은 해와 같으니라.

 이것이 곧 부처님의 미묘한 법문이니

 모름지기 밖을 향하여 부질없이 찾지 말지어다.

　一光東照八千土　大地山河如杲日
　일 광 동 조 팔 천 토　대 지 산 하 여 고 일

　卽是如來微妙法　不須向外謾尋覓
　즉 시 여 래 미 묘 법　불 수 향 외 만 심 멱

21. 보궐진언補闕眞言: 평염불〈대중창〉 - 경經을 염송함에 혹시나
　빠진 경구가 있으면 이를 보충하는 글귀.

 옴 호로호로 세야몰계 사바하

　唵 戶盧戶盧 娑耶目契 娑婆訶

22. 수경게收經偈: 평염불〈대중창〉 - 경을 거두는 글귀.

 경의 말씀 듣자옴에 마음속 걸림이 없고

 법의 내용 분명함 입을 모아 찬탄하네.

 취하거나 버리어도 근본 가르침 움직임이 없듯

 달이 저도 저 하늘은 안 떠남을 알게 되었네.

聞經開悟意超然　演處分明衆口宣
문경개오의초연　연처분명중구선

取捨由來元不動　方知月落不離天
취사유래원부동　방지월락불리천

※경을 거두는 글귀로 윗글을 염송한다.

23. 사무량게四無量偈: 평염불〈대중창〉 - 네 가지 무량한 글귀.

대자대비로 중생을 불쌍히 여기시며

대희대사로 중생을 건지시여

상호광명으로써 스스로 장엄하셨나니

대중들이 뜻과 마음으로 부처님께 귀의하여 불법 가르침 받겠

나이다.

大慈大悲愍衆生　大喜大捨濟含識
대자대비민중생　대희대사제함식

相好光明以自嚴　衆等志心歸命禮
상호광명이자엄　중등지심귀명례

※대중창으로 하며 네 가지 무량한 글귀를 나타낸 글이다.

24. 귀명게歸命偈: 평염불〈대중창〉

시방의 모든 중생들이 귀의하나니

죄는 멸하고 신심은 깨끗해져

원컨대 연화장세계

극락정토 가운데 태어나기를 원합니다.

十方盡歸命　滅罪生淨身
시방진귀명　멸죄생정신

願生華藏界　極樂淨土中
원생화장계　극락정토중

25. 준제공덕취準提功德聚부터 건단진언, 정법계진언까지 마친 후
거불을 한다.

26. 거불擧佛: 홋소리, 평염불 〈대중창〉

지극한 마음으로 부처님께 귀의하오니 법회에 널리 강림하여
주시옵소서.

지극한 마음으로 가르침에 귀의하오니 법회에 널리 강림하여
주시옵소서.

지극한 마음으로 스님들께 귀의하오니 법회에 널리 강림하여
주시옵소서.

南無佛陀部衆光臨法會　南無達摩部衆光臨法會
나무불타부중광림법회　나무달마부중광림법회

南無僧伽部衆光臨法會
나무승가부중광림법회

27. 보소청진언普召請眞言: 홋소리 〈독창〉 - 간절히 청하는 참된 진언.

나무보보제리 가리다리 다타아다야 (3번)

28. 유치由致: 안채비 – 유치성〈독창〉 – 삼보님의 덕을 치유하는 글.

우러러 사뢰옵나니 삼보대성께서는 진리의 세계에서 자비의
구름을 일으키시어 몸 아닌 몸을 나투시어 원력으로 삼천대천
세계를 감싸시고, 설함 없는 법을 설하시옵니다. 법의 비를 내
려 팔만사천의 온갖 번뇌 씻어주시고, 갖가지 방편문을 열어 망
망한 갠지스 강 모래 수와 같은 많은 세계의 중생들을 인도하십
니다. 구하는 것 이루기는 빈 골짜기에 메아리와 같사오며, 원
하는 바를 따라 성취하지 못함이 없음은 맑은 물에 달그림자 비
침과 같사옵니다. 사바세계(축원 운운) 이와 같이 금월 금일 경
건한 마음으로 법연을 열고 정결한 공양구를 마련하여 제석천
의 그물코와 같이 중중하여 다함없는 삼보님 전에 받들어 올리
옵고, 향기롭고 정성스런 작법으로 묘한 발원하오며, 좋은 향을
사루어서 예로써 청하오며, 옥구슬과 같이 맑은 재를 닦으오니,
재의 규모 비록 작더라도 간절한 정성 불쌍히 여기사 정성이 비
록 모자르더라도 자비로써 두루 살펴주시기를 삼가 일심으로
세 번 청하옵니다.

仰惟 三寶大聖者 從眞淨界 興大悲雲 非身現身 布身雲於
앙유 삼보대성자 종진정계 흥대비운 비신현신 포신운어

三千世界 無法說法灑 法雨於八萬塵勞 開 種種方便之門 導
삼천세계 무법설법쇄 법우어팔만진로 개 종종방편지문 도

118

茫茫沙界之衆　有求皆逐　如　空谷之傳聲　無願不從　若　澄潭之
망 망 사 계 지 중　유 구 개 수　여　공 곡 지 전 성　무 원 부 종　약　징 담 지

印月　是以　娑婆世界(祝願云云)以　今月今日　虔設法筵　淨饌供
인 월　시 이　사 바 세 계 축 원 운 운　이　금 월 금 일　건 설 법 연　정 찬 공

養　帝網重重　無盡三寶慈尊　薰懃作法　仰祈妙援者　右伏以　爇
양　제 망 중 중　무 진 삼 보 자 존　훈 근 작 법　앙 기 묘 원 자　우 복 이　설

茗香以禮請　呈玉粒而修齋　齋體雖微　虔誠可愍　冀回慈鑑　曲
명 향 이 례 청　정 옥 립 이 수 재　재 체 수 미　건 성 가 민　기 회 자 감　곡

照徽誠　謹秉一心　先陳三請
조 미 성　근 병 일 심　선 진 삼 청

29. 청사請詞: 안채비 - 청사성 〈요령을 흔들며 독창〉 - 간절히 청하는 글.

지극한 마음으로 귀의하옵고 받들어 청하오니, 크나큰 자비를 본바탕으로 삼아 중생들을 건지시고 보호하실새 자량이 되시사, 병든 이에게는 어진 의원이 되시고, 길을 잃은 자에게는 바른 길을 보여 주시며, 어두운 밤중에는 빛이 되어 주시고, 가난한 자에게는 길이 복을 얻게 하시어 일체중생을 평등히 이익 되게 하여 주시는 청정한 법신이신 비로자나불, 원만보신 노사나불, 천백억의 화신 석가모니불, 극락세계의 스승이신 아미타불, 미래의 스승이신 미륵존불 등 시방에 항상 계신 진리와 같으신 불보살님과 일불승의 뚜렷한 가르침인 화엄경, 대승의 참된 가르침인 묘법연화경, 세 곳에서 마음을 전하신 격외의 도리인 선문 등 시방에 항상 계신 법보님과 지혜제일 문수사리보살, 큰

행의 보현보살, 큰 사랑의 관세음보살, 큰 원의 본존이신 지장
보살, 부처님으로부터 마음의 등불을 전해 받은 가섭존자, 가르
침을 널리 펴신 아난존자 등 시방에 항상 계신 청정하신 승보님
이시여, 이와 같이 삼보께서는 셀 수 없고 헤아릴 수 없사와 낱
낱이 하나의 티끌세계에 두루 하시옵니다. 바라옵건대 자비로
써 중생을 가엾이 여기시어, 이 도량에 강림하시어 이 공양을
받으시옵소서.

南無 一心奉請 以 大慈大悲 而爲體故 救護衆生 以爲資粮
나무 일심봉청 이 대자대비 이위체고 구호중생 이위자량

於諸病苦 爲作良醫 於失道者 示其正路 於 闇夜中 爲作光明
어제병고 위작양의 어실도자 시기정로 어 암야중 위작광명

於 貧窮者 永得伏藏 平等饒益 一切衆生 淸淨法身 毘盧舍那
어 빈궁자 영득복장 평등요익 일체중생 청정법신 비로자나

佛 一切菩薩 摩訶薩 圓滿報身 盧舍那佛 千百億化身 釋迦牟
불 일체보살 마하살 원만보신 노사나불 천백억화신 석가모

尼佛 西方敎主 阿彌陀佛 當來敎主 彌勒尊佛 十方常住一切
니불 서방교주 아미타불 당래교주 미륵존불 시방상주일체

眞如佛寶 一乘圓敎 大華嚴經 大乘實敎(頓敎)實相 妙法蓮華
진여불보 일승원교 대화엄경 대승실교 돈교 실상 묘법연화

經 三處傳心 格外禪詮 十方常住一切 甚心法寶 大智文殊菩
경 삼처전심 격외선전 시방상주일체 심심법보 대지문수보

薩 大行普賢菩薩 大悲觀世音菩薩 大願本尊地藏菩薩 傳佛心
살 대행보현보살 대비관세음보살 대원본존지장보살 전불심

燈 迦葉尊者 流通敎海 阿難尊者 十方常住一切 淸淨僧寶 如
등 가섭존자 유통교해 아난존자 시방상주일체 청정승보 여

是三寶 無量無邊 一一周偏 一一塵刹 唯願慈悲 憐愍有情 降
시삼보 무량무변 일일주편 일일진찰 유원자비 연민유정 강

臨道場 受此供養
림도량 수차공양

30. 향화청香花請: 홋소리 〈대중창〉

• 산화락을 세 번 한 후 내림게바라를 친 후 향화청 소리를 한다.

31. 가영歌詠: 홋소리 〈독창〉

부처님 몸 시방세계에 두루하시니

삼세 여래가 동일한 한 몸이시네.

광대한 서원 구름같이 다함이 없고

넓고 넓은 깨달음의 바다 아득하여 끝이 없네.

佛身普徧十方中　三世如來一體同
불 신 보 변 시 방 중　삼 세 여 래 일 체 동

廣大願雲恒不盡　汪洋覺海妙難窮
광 대 원 운 항 부 진　왕 양 각 해 묘 난 궁

32. 고아게故我偈: 홋소리 〈대중창〉

지극한 마음 일심으로 예를 올리옵니다.

故我一心　歸命頂禮
고 아 일 심　귀 명 정 례

33. 헌좌게獻座偈/헌좌진언: 홋소리 〈1·3구 독창. 2·4구 대중창〉

깊고도 묘한 깨달음(진리)의 자리 훌륭하게 꾸며졌으며

모든 부처님이 앉으셔서 벌써 정각을 성취하셨네.

제가 지금 올린 자리도 또한 그와 같아

저와 다른 이까지 차별 없이 함께 불도를 이루게 하옵소서.

소원을 이루게 하옵소서.

妙菩提座勝莊嚴　諸佛座已成正覺
묘 보 리 좌 승 장 엄　제 불 좌 이 성 정 각

我今獻座亦如是　自他一時成佛道
아 금 헌 좌 역 여 시　자 타 일 시 성 불 도

옴 바아라 미나야 사바하唵 縛阿羅 彌那耶 娑婆訶

※법석에 좌정하시기를 발원하며 헌좌게성으로 요령을 흔들어 헌
　좌진언을 외친 후 법주가 앞에 1·3구를 선창하고 2·4구를 대
　중창으로 한다.

34. 욕건이欲建耳: 홋소리 후 옴남 – 나비무 〈독창〉

욕건 만다라 선송 정법계진언欲建曼拏羅 先頌 淨法界眞言
옴남唵南 (3번)

• 상주권공재 진행 시 '욕건 만다라 선송 정법계진언'은 홋소리
　독창으로 하고, '옴남' '옴남' '옴남'은 대중창으로 소리하며, 작
　법무가 진행된다.

35. 다게茶偈: 홋소리 〈대중창〉 - 나비무

이제 감로의 차를 가져다

거룩한 삼보 전에 바치오니

간절한 정성을 감응하시어

애처롭게 여기사

거두어 주시옵기를 원하옵나이다.

今將甘露茶 奉獻三寶前 鑑察虔懇心
금 장 감 로 다   봉 헌 삼 보 전   감 찰 건 간 심

願垂哀納受 願垂哀納受 願垂慈悲哀納受
원 수 애 납 수   원 수 애 납 수   원 수 자 비 애 납 수

36. 향수나열香需羅列: 홋소리 〈독창〉

향기로운 공양구를 마련함은 재자의 지극한 정성이오나

공양이 두루 하여 그 공덕이 원만하려면

미묘한 덕화를 입어야 하옵기에

삼보(佛法僧)님께서는 특별히 가피의 힘을 베푸소서.

香需那冽 齋者虔誠 欲求供養之周圓
향 수 나 열   재 자 건 성   욕 구 공 양 지 주 원

須仗加持之變化 仰惟三寶
수 장 가 지 지 변 화   앙 유 삼 보

※향수나열을 홋소리로 독창한 후 '특사가지特賜加持'는 대중이 일

바라무

어나 홋소리 혹은 짓소리로 한다. 그 다음 진언에 바라무가 이
어진다.

37. 특사가지特賜加持: 홋소리 〈독창〉

시방의 불법승에게 귀의합니다.
나무시방불법승南無十方佛法僧 (3번)

• 특사가지는 의식 진행에 따라 짓소리, 홋소리 두 가지 형태로
  부르며 '향수나렬' 곡과 이어서 부른다,

38. 사다라니四陀羅尼 진언권공眞言勸供: 홋소리 〈대중창〉 - 바라무

나	무	시	방	불	법	승		
南	無	十	方	佛	法	僧		
○		○		○	○	○		
○		○		○	○	○		
○		○		○	○	○	●	○

무량	위덕	자재	광명	승묘력	변식시	다라니	나막
`	`	`	`	`	` `	○ ― ●	○○ ○○
살바	다타	아다야	바로	기제	오옴	삼마라	삼마라
○○ ○○	○ ●	○ ○	○	○ ○	○ ○	○○ ○○	○○ ○○

삼마라　오옴　나막　살바다타　아다야　바로　기제　오옴
○○○○　○○　○○　●●●　○○　○　○○　○○

삼마라　삼마라아훔　○○○○
○○○○　○○●●●●

【시감로수진언施甘露水眞言】

나무소로　바아야　다타　아다　혜혜　다냐타옴
○　○●　○○　○　○○　○○　○○●●●●

소로　소로바라　소로　바라소로　사바하　나무소로
○○　○●●　○○　○○　○○　●●●●

바아야　다타　아다　혜혜　다냐　타옴
○○　○　○○　○○　○○　●●●●

소로　소로바라　소로　바라　소로　사바하　나무소로
○○　○●●　○○　○　○○　○○　●●●●

바아야　다타　아다　혜혜　다냐　타옴
○○　○　○○　○○　●●●●

소로　소로바라　소로　바라소로○○○○○
○○　○●●　○○　●●●●

【일자수륜관진언一字水輪觀眞言】

옴　바옴바옴　밤바옴(3번)
○　●●●●　○○　○○●●○

126

바라무

【유해진언乳海眞言】

나무   사만다   못다남오옴   바예염나무(3번)
○ ●   ○ ○   ● ● ● ● ●   ● ● ● ● ●

○ ○ ○ ○ ○   운심공양진언   ○ ○ ○ ○ ○

• 사다라니 바라춤이 끝나고 아래 게송을 독창하면 착복을 수한
  스님은 '운심게 작법무'를 한다.

39. 운심게運心偈: 홋소리 〈독창〉 – 나비무

   마음을 다하여 공양과 진언을 하니, 원컨대 이 공양을 받으시고

법계에 두루 미치게 하소서. 공양이 두루 삼보해에 이르니 공양
을 받으시고 자비를 베풀어 선근을 더해 주소서. 법주의 영으로
불보살의 은혜에 보답하오리다.

運心供養眞言 願此香供遍法界 普供無盡三寶海
운 심 공 양 진 언   원 차 향 공 변 법 계   보 공 무 진 삼 보 해

慈悲受供增善根 令法住世報佛恩
자 비 수 공 증 선 근   영 법 주 세 보 불 은

나막 살바다타 아데박미 새바 보계배약 살바다캄 오나아제
바라혜맘 옴 아아나캄 사바하

• 가지게 앞 구절 선창하면 뒤 구절은 대중이 동음으로 한다.

나비무

40. 가지게加持偈: 홋소리 〈독창, 대중창〉

　　원컨대 이 향 공양이 법계에 두루해서

　　시방세계 부처님께 공양하게 하옵소서.

　　원컨대 이 등불 공양이 법계에 가득하여

　　시방세계 달마님께 공양하게 하옵소서.

　　원컨대 이 향과 등불, 차와 쌀, 등의 공양이 법계에 가득 차서

　　시방세계 스님들께 공양하게 하옵소서.

　　불보, 법보, 승보께옵선 보리심을 발하시어

　　중생제도 큰 서원을 저버리지 마옵소서.

　　願此香供遍法界 〈독창〉　供養十方諸佛陀 〈대중창〉
　　원 차 향 공 변 법 계　　　공 양 시 방 제 불 타

　　願此燈供遍法系 〈독창〉　供養十方諸達摩 〈대중창〉
　　원 차 등 공 변 법 계　　　공 양 시 방 제 달 마

　　願此香燈茶米供 〈독창〉　供養十方諸僧伽 〈대중창〉
　　원 차 향 등 다 미 공　　　공 양 시 방 제 승 가

　　悉皆受供發菩提　施作佛事度衆生 〈독창〉
　　실 개 수 공 발 보 리　시 작 불 사 도 중 생

• 태징 소리에 맞추어 대중이 진언을 한 후 사대주四大呪와 탄백嘆
　白까지 동음으로 한다.

• 보공양진언, 보회향진언은 회향게回向偈라 하며, 태징에 맞추어
　대중이 동음으로 한다.

41. 보공양진언普供養眞言: 홋소리 혹은 평염불 〈독창, 대중창〉 - 널리 공양을 올리는 진언.

옴 아아나 삼바바 바아라 훔

42. 보회향진언普回向眞言: 홋소리 혹은 평염불 〈독창, 대중창〉 - 널리 회향하는 진언.

옴 삼마라 삼마라 미마나 사라마 자가라바 훔

43. 사대주四大呪: 평염불 〈대중창〉

44. 원성취진언願成就眞言: 평염불 〈대중창〉 원을 성취하는 진언.

옴 아모카 살바다라 사다야 시베 훔

45. 보궐진언普闕眞言: 평염불 〈대중창〉 경을 보충하는 진언.

옴 호로호로 사야 목케 사바하

46. 예참禮懺 및 정근精勤: 평염불

• 시간에 따라 예참禮懺 및 정근精勤을 한다.

47. 탄백歎白: 평염불

지장보살 대성인의 위신력은 항하사겁 말하여도 다 못하네.

한 번 뵙고 일념 간에 예배하면 그 이익이 인간계에 한량없네.

지극한 마음으로 예경하옵니다.

地藏大聖威神力　恒河沙劫說難盡
지 장 대 성 위 신 력　항 하 사 겁 설 난 진

見聞瞻禮一念間　利益人天無量事
견 문 첨 례 일 념 간　이 익 인 천 무 량 사

故我一心歸命頂禮
고 아 일 심 귀 명 정 례

• 화청에 앞서 '원아게'를 한 스님이 홋소리로 한다.

48. 원아게願我偈: 홋소리, 평염불 〈독창, 대중창〉

원컨대 이러한 공덕으로 일체 널리 두루 미치게 하니

나와 모든 중생 마땅히 극락에 왕생하여 한량없는 수명을 얻어

모두 부처님의 위없는 도 이뤄지이다.

願以此功德　普及於一切　我等與衆生
원 이 차 공 덕　보 급 어 일 체　아 등 여 중 생

當生極樂國　同見無量壽　皆共成佛道
당 생 극 락 국　동 견 무 량 수　개 공 성 불 도

회심곡

49. 회심곡回心曲 화청: 사설 형식의 글을 각기 독특한 소리로 부른다.

화청和請 – 재를 지내는 여러 절차 사이에 어장魚丈이 혼자 징·북·목탁 등의 타악기를 치며 부른다. 불교 포교의 한 방편으로 대중이 잘 알 수 있는 염불로, 부처님의 가르침을 쉽게 풀이한 우리말과 한문이 섞인 가사를 사설로 쓰고 있다. 사설은 4·4조의 가사체歌辭體이다. 회심곡은 별회심곡 혹은 백발가를, 백중날은 목련경을 청한다.

별회심곡 – 백발가. 별회심곡

세상천지	만물중에	사람밖에	또있는가
여보시오	시주님	이내말씀	들어보소
이세상에	나온사람	뉘덕으로	나왔는가
석가여래	공덕으로	아버님전	뼈를빌고

어머님전　살을빌며　칠성님전　복을빌어
이내일신　탄생하니　한두살에　청을몰라
부모은덕　알을손가　이삼십을　당하여도
부모은공　못다갚아　어이없고　애닯고나
무정세월　여류하여　원수백발　돌아오니
없던망령　절로난다　망령이라　흉을보고
구석구석　웃는모양　애닯고도　설은지고
절통하고　통분하다　할수없다　할수없다
홍안백발　늙어간다　인 간 에　이공도를
누가능히　막을손가　춘초는　연년록이나
왕 손 은　귀불귀라　우리인생　늙어지면
다시젊지　못하리라　인간백년　다살아도
병든날과　잠든날과　걱정근심　다제하면
단사십도　못살인생　어제오늘　성튼몸이
저녁나절　병이들어　섬섬약질　가는몸에
태산같은　병이드니　부르나니　어머니요
찾는것이　냉수로다　인삼녹용　약을쓰나
약효험이　있을손가　판수불러　경읽은들
경의덕을　입을손가　무녀불러　굿을하나
굿덕인들　있을손가　재미쌀을　쓸고쓸어
명산대천　나아가서　상 탕 에　메를짓고

중 탕 에　　목욕하고　　하 탕 에　　수족씻고
촛대한쌍　　벌려놓고　　향로향합　　불갖추고
소지한장　　든연후에　　비나이다　　비나이다
하느님전　　비나이다　　칠성님전　　발원하고
신장님전　　공양한들　　어느성현　　알음있어
감응이나　　할까부냐　　제일전에　　진광대왕
제이전에　　초강대왕　　제삼전에　　송제대왕
제사전에　　오관대왕　　제오전에　　염라대왕
제육전에　　변성대왕　　제칠전에　　태산대왕
제팔전에　　평등대왕　　제구전에　　도시대왕
제십전에　　전륜대왕　　열시왕의　　부린사자
일직사자　　월직사자　　열시왕의　　명을받아
한 손 에　　철봉들고　　또한손에　　창검들며
쇄사슬을　　빗겨차고　　활등같이　　굽은길로
살대같이　　달려와서　　닫은문을　　박차면서
뇌성같이　　소리하고　　성명삼자　　불러내여
어서가자　　바삐가자　　뉘분부라　　거역하며
뉘영이라　　지체할까　　실날같은　　이내목에
팔뚝같은　　쇠사슬로　　결박하여　　끌어내니
혼비백산　　나죽겠네　　여보시오　　사자님네
노 자 도　　갖고가게　　만단계유　　애걸한들

어느사자　들을손가　애고답답　설은지고
이를어이　하잔말가　불쌍하다　이내일신
인간하직　망극하다　명사십리　해당화야
꽃진다고　설워마라　명년삼월　봄이오면
너는다시　피련마는　우리인생　한번가면
다시오기　어려워라　북망산에　돌아갈제
어찌갈고　심산험로　한정없는　길이로다
언제다시　돌아오랴　이세상을　하직하니
불쌍하고　가련하다　처자식의　손을잡고
만단설화　못다하여　정신차려　살펴보니
약탕관을　벌려놓고　지성구호　극진한들
죽을목숨　살릴손가　옛늙은이　말들으니
저승길이　멀다더니　오늘내게　당하여선
대문밖이　저승이라　친구벗이　많다한들
어느누가　동행할까　구사당에　하직하고
신사당에　예배하고　대문밖을　썩나서니
적삼내어　손에들고　혼백불러　초혼하니
없든곡성　낭자하다　일직사자　손을끌고
월직사자　등을밀어　풍우같이　재촉하여
천방지방　몰아갈제　높은데는　낮아지고
낮은데는　높아진다　악의악식　모은재산

135

먹고가며　쓰고가랴　사자님아　사자님아
내말잠깐　들어주오　시장한데　점심하고
신발이나　고쳐신고　쉬여가자　애걸한들
들은체도　아니하고　쇠뭉치로　등을치며
어서가자　바삐가자　이렁저렁　여러날에
저승원문　다다르니　우두나찰　마두나찰
소리치며　달려들어　인정달라　비는구나
인정쓸돈　반푼없다　단배끓고　모든재산
인정한푼　써볼손가　저승으로　옮겨갈까
환전부처　가져올까　의복벗어　인정쓰며
열두대문　들어가니　무섭기도　끝이없고
두렵기도　측량없다　대명하고　기다리니
옥사장이　분부듣고　남녀죄인　등대할제
정신차려　살펴보니　열시왕이　좌개하고
최판관이　문서잡고　남녀죄인　잡아들여
다짐받고　봉초할제　어두귀면　나찰들은
전후좌우　벌려서서　기치창검　삼렬한데
형벌기구　차려놓고　대상호령　기다리니
엄숙하기　측량없다　남녀죄인　잡아들여
형벌하며　묻는말이　이놈들아　들어보라
선심하랴　발원하고　인세간에　나아가서

무슨선심 하였는가 바른대로 아뢰여라
용방비간 본을받아 임금님께 극간하여
나 라 에 충성하며 부모님께 효도하여
가 범 을 세웠으며 배고픈이 밥을주어
아사구제 하였는가 헐벗은이 옷을주어
구난공덕 하였는가 좋은곳에 집을지어
행인공덕 하였는가 깊은물에 다리놓아
월천공덕 하였는가 목마르니 물을주어
급수공덕 하였는가 병든사람 약을주어
활인공덕 하였는가 높은산에 불당지어
중생공덕 하였는가 좋은밭에 원두심어
행인해갈 하였는가 부처님께 공양들여
마음닦고 선심하여 염불공덕 하였는가
어진사람 모해하고 불의행사 많이하며
탐재함이 극심하니 너의죄목 어찌하리
죄 악 이 심중하니 풍도옥에 가두리라
착한사람 불러들려 위로하고 대접하며
몹쓸놈들 구경하라 이사람은 선심으로
극락세계 가올지니 이 아니 좋을손가
소원대로 물을적에 네원대로 하여주마
극락으로 가려느냐 연화대로 가려느냐

선경으로　가려느냐　장생불사　하려느냐

서왕모의　사환되어…(중략)

50. 화청和請 및 축원화청祝願和請

지장단 중단권공을 간단히 모실 때 화청 및 축원화청, 그 외 백발

가白髮歌, 목련경청目連經請, 별회심곡 등을 한다.

• 이렇게 하여 상주권공재의 상단권공上壇勸供은 모두 끝난다.

6) 신중퇴공神衆退供—중단권공中壇退供

상단에 공양물 등을 퇴공하여 각 신중에게 공양 올리는 의식이다.

　1. 다게茶偈, 2. 거목擧目, 3. 상래가지上來加持, 4. 보공양진언普供

養眞言, 5. 보회향진언普回向眞言, 6. 원성취진언願成就眞言, 7. 보궐

진언普闕眞言, 8. 정근精勤, 9. 탄백嘆白, 10. 축원祝願.

• 먼저 상단에 올린 공양물을 신중단으로 옮긴 후 퇴공 염불을 하

　는데, 신중단 염불 또한 대중이 모두 동음으로 한다.

1. 다게茶偈: 〈대중창〉

향기롭고 청정한 감로다
자비하신 삼보님의 위신력 입어
옹호회상 제석님께 올리옵니다.
바라옵건대 자비로써 거둬 주
소서.

清淨茗茶藥　能除病昏沈　唯冀擁
청 정 명 다 약　능 제 병 혼 침　유 기 옹

護衆
호 중

願垂哀納受　願垂哀納受　願垂慈
원 수 애 납 수　원 수 애 납 수　원 수 자

悲哀納受
비 애 납 수

축원화청, 효성스님

• 대중이 신중단을 향해 동음으로 한다.

2. 거목擧目: 신위를 거명하여 귀의를 표명, 강림을 청하는 내용.

지극한 마음으로 화엄회상에 운집하신 욕계 색계의 천신들과
팔부신중과 사천왕, 호법선신들께 귀의합니다.

至心歸命禮　華嚴會上　欲色諸天衆　志心歸命禮　華嚴會上
지 심 귀 명 례　화 엄 회 상　욕 색 제 천 중　지 심 귀 명 례　화 엄 회 상

八部四王衆　志心歸命禮　華嚴會上　護法善神衆
팔 부 사 왕 중　지 심 귀 명 례　화 엄 회 상　호 법 선 신 중

대중창

3, 가지게: 평염불 〈대중창〉 - 특별한 위신력과 가지력을 바탕으로
향, 등, 다, 과, 미 다섯 가지 공양.

상단권공 의식에서 상기 가지를 마치었고, 공양을 받들어 올리
고자 향기로운 음식이옵기에 각별한 정성으로 공양을 준비하
였나이다. 향 공양·연향 공양이옵고, 등 공양·연등 공양이옵
고, 다 공양·선다 공양이옵고, 과 공양·선과 공양이옵고, 미 공
양·향미 공양이옵나이다. 오로지 바라옵건대 신장님들께서 가
히 어여삐 여기시고 도량에 강림하시어 버림 없으신 자비로 이
공양을 받으소서. 모두 공양을 받으시고 보리심을 발하시어 불
사를 시행하사 중생을 제도하소서.

上禮加持已訖 供養將進 以此香羞 特伸供養 香供養 然香供
상 례 가 지 이 흘 공 양 장 진 이 차 향 수 특 신 공 양 향 공 양 연 향 공

養 燈供養 然燈供養 茶供養 仙茶供養 果供養 仙果供養 米
양 등 공 양 연 등 공 양 다 공 양 선 다 공 양 과 공 양 선 과 공 양 미

供養 香米供養 唯願 神衆 哀降道場 不捨慈悲 受此供養 悉
공 양 향 미 공 양 유 원 신 중 애 강 도 량 불 사 자 비 수 차 공 양 실

皆受供發菩提 施作佛事度衆生
개 수 공 발 보 리 시 작 불 사 도 중 생

- 신중전에 향, 등, 다, 과, 미 다섯 가지 공양을 올리나니 받으
  소서.

4. 보공양진언: 평염불 〈대중창〉 – 널리 공양을 올리는 진언.

   옴 아아나 삼바바 바라 훔 (3번)

5. 보회향진언: 평염불 〈대중창〉 – 널리 회향을 설하는 진언.

   옴 삼마라 삼마라 미만나 사라마 자가라바 훔 (3번)

   반야심경(마하반야바라밀다심경 云云)
   금강심진언金剛心眞言: 옴 오륜이 사바하 (3번)

- 불설소재길상다라니 – 소재주沼災呪(모든 재앙을 소멸하는 다라니)
  를 대중이 동음으로 한다.

불설소재길상다라니佛說消災吉祥陀羅尼: 나무 사만다 못다남 아바라지 하다샤 사나남 다나타 옴 카카 카헤 카헤 훔훔 아바라 아바라 바라아바라 바라아바라 디따디따 디리 디리 빠다빠다 선지가 사리에 사바하 (3번)

※이어서 시간에 따라 「약찬게略纂偈」를 한다.

6. 원성취진언: 평염불 〈대중창〉 - 발원을 성취하기 위한 진언.

옴 아모카 살바다라 사다야 시베 훔 (3번)

7. 보궐진언: 평염불 〈대중창〉 - 경을 보충하는 진언.

옴 호로 호로 사야목케 사바하 (3번)

8. 정근: 화엄성중을 대중이 동음으로 한다.

9. 탄백: 평염불 〈대중창〉 - 신중을 찬탄하는 게송.

화엄성중 크신 지혜 거울처럼 밝사옵고,
수미사주 사람의 일 한 생각에 살피시며,
이들 중생 보살피심 갓난아기 대하시듯 하옵기에

저희 모두 공경 예를 올립니다.

華嚴聖衆慧鑑明 四州人事一念知
화 엄 성 중 혜 감 명　사 주 인 사 일 념 지

哀愍衆生如赤子 是故我今恭敬禮
애 민 중 생 여 적 자　시 고 아 금 공 경 례

10. 축원: 재를 올리는 재자의 축원으로, 축수발원祝壽發源의 내용
　　을 평염불로 한다.

7) 관음시식觀音施食

관음시식은 관세음보살 위신력으로 영혼에게 법공양을 베푸는 의
식이다.

　시식의 종류는 특정한 영가의 왕생을 발원하는 칠칠일재시식
七七日齋施食, 기일시식忌日施食, 병자의 완쾌를 위한 구병시식救病
施食, 명절名節이나 성절聖節 때 불공佛供 끝에 봉행하는 전시식奠
施食, 국혼國魂의 천도를 위한 축상시식祝上施食, 종사宗師께 드리
는 종사영반宗師靈飯, 기고일忌故日을 모르는 영가를 위해 날을 잡
아 봉행하는 공일재시식空日齋施食, 수륙고혼水陸孤魂을 위한 무착
시식無遮施食이 있다. 본 관음시식은 관세음보살의 법력으로 영가
의 왕생극락을 발원하기 위해 하는 시식이다.
• 법주 스님 한 분과 바라지는 영단을 향해 거불성을 한다.

관음시식

1. 거불

지극한 마음으로 원통의 교주이신 관세음보살께 귀의합니다.

지극한 마음으로 도량의 교주이신 관세음보살께 귀의합니다.

지극한 마음으로 원통회상 불·보살께 귀의합니다.

南無圓通敎主觀世音菩薩 南無道場敎主觀世音菩薩
나 무 원 통 교 주 관 세 음 보 살 나 무 도 량 교 주 관 세 음 보 살

南無圓通會上佛菩薩
나 무 원 통 회 상 불 보 살

혹은 아래의 거불을 하기도 한다.

144

- 나무극락도사아미타불 나무좌우보처양대보살 나무접인망령인
  로왕보살
- 법주는 요령을 한 번 흔든 후 아래 소리를 착어성으로 한다.

2. 착어著語 : 〈독창〉

신령한 근원은 맑고도 고요하여 예전도 지금도 다시없으며

묘한 본체는 둥글고도 밝으니 어디에 나고 죽음이 있을까.

이러한 도리는 석가세존께서 마갈타에서 묵묵히 앉아 계신 참
도리이며

달마대사께서 소림에서 벽을 향하고 앉아계신 시절의 소식이
로다.

이 까닭에 석가세존은 니련하에서 관 밖에 두 발을 내보이셨고

달마대사가 총령고개 넘으시면서 손에 신 한 짝을 들고 가셨습
니다.

오늘 이 자리에 초청되신 여러 영가들이시여, 이 비고 고요한
정체를 알겠습니까?

구부렸다 폈다 함에 은밀은 현현하고 보고 들을 때에 분명히 역
력합니다.

만약 이 도리를 아시면 법신을 활짝 증득하셔서 주림을 영원히
여의소서.

만약에 아직 못 알았다면 부처님의 자비하신 법력을 입어

이 향단에 이르러 법공양을 받으시고 무생법인을 증득하소서.

靈源湛寂 無古無今 妙體圓明 何生何死
영 원 담 적　무 고 무 금　묘 체 원 명　하 생 하 사

便是 釋迦世尊 摩竭掩關之時節 達摩大師 少林面壁之家風
변 시　석 가 세 존　마 갈 엄 관 지 시 절　달 마 대 사　소 림 면 벽 지 가 풍

所以 泥蓮河則 槨示雙趺 蔥嶺途中 手携隻履
소 이　이 련 하 칙　곽 시 쌍 부　총 령 도 중　수 휴 척 리

諸佛子 還會得 湛寂圓明底 一句魔(良久)俯仰隱玄玄 視廳明
제 불 자　환 회 득　담 적 원 명 저　일 구 마　양 구　부 앙 은 현 현　시 청 명

歷歷
력 력

若也會得 頓證法身 永滅飢虛 其或未然 承佛神力 仗法加持
약 야 회 득　돈 증 법 신　영 멸 기 허　기 혹 미 연　승 불 신 력　장 법 가 지

赴此香壇 受我妙供 證悟無生
부 차 향 단　수 아 묘 공　증 오 무 생

3. 진령게振鈴偈 :〈진령게는 요령을 흔들라는 뜻, 법주 선창, 바라

　지가 받음〉

이제 요령을 흔들어 두루 청하오니

저승세계 모두가 듣고 아소서.

바라옵건대 삼보의 위신력을 입어

오늘 이 자리에 왕림하소서.

以此振鈴伸召請 冥途鬼界普聞知
이 차 진 령 신 소 청　명 도 귀 계 보 문 지

願承三寶力加持 今日今時來赴會
원 승 삼 보 력 가 지　금 일 금 시 내 부 회

146

• 법주가 요령을 한 번 흔든 후 아래 글을 염송한다.

이상으로 소청한 여러 불자님들, 그리고 함께 청한 여러 영가들
이시여.

上來召請 諸佛子等 各 列位靈駕
상래소청 제불자등 각 열위영가

• 요령을 다시금 한 번 흔든 후 아래 소리는 착어성으로 한다.

4. 착어著語:〈법주 독창〉

자비로운 광명이 비추는 곳에 연꽃이 피고

지혜의 눈으로 볼 때 지옥이 없어라.

그 위에 대비하신 주문(신주)의 힘으로

중생들 찰나 사이에 부처 이루나라.

외로운 영혼 위해 천수경 한 편 독송하나니,

지극한 마음으로 듣고 받아 지닐지어다.

慈光照處蓮花出 慧眼觀時地獄空
자 광 조 처 연 화 출   혜 안 관 시 지 옥 공
又況大悲神呪力 衆生成佛刹那中
우 황 대 비 신 주 력   중 생 성 불 찰 나 중
千手一片爲孤魂 志心諦聽 志心諦受
천 수 일 편 위 고 혼   지 심 제 청   지 심 제 수

• 신묘장구대다라니부터 나무대방광불화엄경까지 법주와 바라
지 대중이 동음으로 한다. (합창)

5. 제일게第一偈:〈합창〉

만일 사람이 삼세 일체 부처님을 요달해 알고자 할진대
마땅히 법계의 성품을 관하라. 일체가 오직 마음으로써 지은 것
이니라.

若人欲了知　三世一切佛　應觀法界聲　一切唯心造
약 인 욕 요 지　삼 세 일 체 불　응 관 법 계 성　일 체 유 심 조

6. 파지옥진언破地獄眞言:〈합창〉– 지옥을 파하는 진언.

옴 가라제야 사바하(三說)

7. 해원결진언解寃結眞言:〈합창〉– 원결을 푸는 진언.

옴 삼다라 가닥 사바하(三說)

8. 보소청진언普召請眞言:〈합창〉– 간절히 청하는 진언.

나모 보보 제리 가리다리 다타 아다야(三說)

148

9. 시방에 상주하신 불·법·승께 귀의합니다

南無常住十方佛　南無常住十方法　南無常住十方僧
나 무 상 주 시 방 불　 나 무 상 주 시 방 법　 나 무 상 주 시 방 승

南無大慈大悲救苦觀世音菩薩　南無大方廣佛華嚴經
나 무 대 자 대 비 구 고 관 세 음 보 살　 나 무 대 방 광 불 화 엄 경

• 법주가 요령을 흔들며 아래 글귀를 염송한다.

10. 증명청證明請: 〈법주 독창〉

나무 일심봉청, 손에는 천 층의 보개를 들고 몸에는 백복의 화

만 걸치고

영가들을 극락으로 인도하시며 망령들을 연화대로 인도하시는
큰 성인 인로왕보살이시여.

대자비로 강림하시어 이 법요, 이 공덕을 증명하소서.

南無 一心奉請 手擎千層之寶盖 身掛百福之華鬘 導淸魂於極
나무 일심봉청 수경천층지보개 신괘백복지화만 도청혼어극

樂界中 引亡靈
락계중 인망령

向碧蓮臺畔 大聖引路王菩薩摩訶薩 唯願慈悲 降臨道場 證明
향벽련대반 대성인로왕보살마하살 유원자비 강림도량 증명

功德
공덕

• 아래 글을 바라지가 염한다.

11. 향화청香花請: 〈독창 또는 합창, 바라지가 함〉

• 바라지가 아래 글을 가영성歌詠聲으로 독창한다.

12. 가영歌詠: 〈독창, 바라지가 함〉

인을 닦고 덕을 쌓으니 신장들이 기뻐하고
염불하고 경을 외우니 모든 업장 소멸하네.
오늘 다시 성현들이 맞이하여 인도해 주시오니
뜰 앞에 성큼 뛰어 보배 다리 오르도다.
지극한 마음으로 예배를 하옵니다.

修仁蘊德龍神喜　念佛看經業障消
수 인 온 덕 용 신 희　염 불 간 경 업 장 소

如是聖賢來接引　庭前高步上金橋
여 시 성 현 내 접 인　정 전 고 보 상 금 교

故我一心　歸命頂禮(합창)
고 아 일 심　귀 명 정 례

13. 헌좌진언獻座眞言

수승하게 장엄한 미묘한 보리의 자리에

부처님 앉으시자 어느새 정각을 이루셨네.

내가 드린 자리도 이와 같으니

나와 남이 모두 함께 불도 이루어지이다.

妙菩提座勝莊嚴　諸佛座已成正覺
묘 보 리 좌 승 장 엄　제 불 좌 이 성 정 각

我今獻座亦如是　自他一時成佛道
아 금 헌 좌 역 여 시　자 타 일 시 성 불 도

14. 다게茶偈:〈독창, 바라지가 함〉

내 이제 감로의 차를 받들어서 증명 전에 올리오니

간절한 뜻 살피시어 자비로써 거두소서.

今將甘露茶　奉獻證明前　鑑察虔懇心　願垂哀納受
금 장 감 로 다　봉 헌 증 명 전　감 찰 건 간 심　원 수 애 납 수

• 법주가 요령을 흔들어 고혼을 청한다.

15. 고혼청孤魂請: 〈법주 독창〉

지극한 마음으로 청합니다. 실상은 이름을 여의었고 법신은 자취가 없건만, 인연 따라 숨었다 나타났다 함이 거울 속에 비친 형상 같으며, 업을 따라 육도를 오르내림이 마치 두레박줄 오르내림과 같아, 그 묘한 변화를 헤아릴 수 없거니 잠시 강림하시기에 무슨 어려움이 있겠습니까?

금일 지성 받들어서 청하는 재자 ○○시 ○○거주 ○○○복위 망○○○영가 부처님의 위덕 빌려 향단에 앉아 위없는 법공양을 받을지로다.

一心奉請 實相離名 法身無跡 從緣隱現 若 鏡像之有無 隨業
일심봉청 실상이명 법신무적 종연은현 약 경상지유무 수업

昇沈 如 井輪之高下 妙變莫測 幻來何難 願我今此 爲薦齋者
승침 여 정륜지고하 묘변막측 환래하난 원아금차 위천재자

(某人靈駕) 承佛威光 來詣香壇 受霑法供
모인영가 승불위광 내예향단 수첨법공

16. 향연청香煙請: 〈합창, 바라지가 함〉 - 세 번

17. 가영歌詠: 〈독창 - 바라지〉

삼혼은 어디론가 갔으며 칠백 또한 먼 곳에 떠나셨네.

오늘 요령을 울려 두루 청하오니 부처님의 광명도량에 모두 오소서.

三魂杳杳歸何處 七魄茫茫去元鄕
삼 혼 묘 묘 귀 하 처   칠 백 망 망 거 원 향

今日振鈴伸召請 願赴冥陽大道場
금 일 진 령 신 소 청   원 부 명 양 대 도 량

제불자등 각 열위영가諸佛子等 各 列位靈駕〈법주 독창. 착어〉

이 자리에 왕림하신 여러 영가여, 부처님의 자비하신 위신력 입
어 걸림 없이 자유로운 몸이 됐으니 편안한 마음으로 앉을지
어다.

上來 承佛攝受 仗法加持 旣無囚繫以 臨筵 願獲逍遙而就座
상 래   승 불 섭 수   장 법 가 지   기 무 수 계 이   임 연   원 획 소 요 이 취 좌

下有安座之偈 大衆隨言後和
하 유 안 좌 지 게   대 중 수 언 후 화

안좌게安座偈:〈대중창〉

내가 이제 가르침을 의지하여 빛
나는 재를 베풀어
차와 과일과 진수를 자리 앞에 벌
려 놓았으니,
크고 작은 모든 영가는 차례대로
앉아서

평염불, 효성스님

정성스런 마음으로 부처님 말씀과 인연설을 자세히 들으소서.

我今依敎說華筵　種種珍羞列座前
아 금 의 교 설 화 연　종 종 진 수 열 좌 전

大小依位次第坐　專心諦聽演金言
대 소 의 위 차 제 좌　전 심 체 청 연 금 언

18. 수위안좌진언受位安座眞言

옴마니 군다니 훔훔 사바하

19. 다게茶偈:〈바라지 독창〉

향기로운 백초림 신선한 맛을

조주 스님께서 몇 천 번을 권하였던가.

돌솥에 강심수 고이 달여서 영가들에게 드리오니

망령들이여, 드시고서 안락하시라.

고혼이여, 드시고서 안락하시라.

모든 영가들이여, 드시고서 안락하시라.

百草林中一味新　趙州常勸幾千人
백 초 임 중 일 미 신　조 주 상 권 기 천 인

烹將石鼎江心水　願使亡靈歇苦輪
팽 장 석 정 강 심 수　원 사 망 령 헐 고 륜

願使孤魂歇苦輪　願使諸靈歇苦輪
원 사 고 혼 헐 고 륜　원 사 제 령 헐 고 륜

20. 선밀게宣密偈

내 이제 비밀한 주문 베푸나니

부처님의 미묘 법문 위신력 받아

몸과 마음 윤택하고

모든 업 쉬어 모든 고통 벗어나서 해탈할지니라.

宣密加持　身田潤澤
선 밀 가 지　신 전 윤 택

業火淸凉　各求解脫
업 화 청 량　각 구 해 탈

변식진언變食眞言等—나막 살바다타 아다 바로기게 옴 삼바

바 삼바바라 훔

시감로수진언施甘露水眞言—나무 소로바야 다타아다야 다냐

타 옴 소로소로 바라소로 바라소로 사바하

일자수륜관진언一字水輪觀眞言—옴 밤 밤 밤밤

유해진언 乳海眞言—나무사만다 못다남 옴 밤

• 상기 사다리니四陀羅尼後 아래 칭량성호稱揚聖號(법주, 바라지 대

중이 장엄염불 끝까지 동음으로 한다.)

칭량성호稱揚聖號(오여래)

다보여래께 귀의합니다. 바라옵건대 모든 고혼들이 간탐 버리
어 보배로운 법재물의 공덕이 풍족하게 하여 주옵소서.

묘색신여래께 귀의합니다. 바라옵건대 고혼들로 하여금 추하
고 못난 모습을 여의고 상호가 원만케 하여 주옵소서.

광박신여래께 귀의합니다. 고혼들로 하여금 범부의 속박된 육
근의 몸을 떠나 허공의 몸을 깨닫게 하여 주옵소서.

이포외여래께 귀의합니다. 고혼들로 하여금 온갖 두려움에서
벗어나서 열반의 즐거움을 얻게 하여 주옵소서.

나무감로왕여래시여, 바라옵건대 고혼들로 하여금 목구멍이
열리어 감로의 공양을 맛보게 하여 주옵소서.

바라옵건대 이 법공양이 시방에 두루하여 먹는 자는 배고픔을
면하고 모두가 아미타 극락국토에 왕생하게 하옵소서.

南無多寶如來 願諸孤魂 破除慳貪 法財具足
나 무 다 보 여 래　원 제 고 혼　파 제 간 탐　법 재 구 족

南無妙色身如來 願諸孤魂 離醜陋形 相好圓滿
나 무 묘 색 신 여 래　원 제 고 혼　이 추 루 형　상 호 원 만

南無廣博身如來 願諸孤魂 捨六凡身 悟虛空身
나 무 광 박 신 여 래　원 제 고 혼　사 륙 범 신　오 허 공 신

南無離怖畏如來 願諸孤魂 離諸怖畏 得涅槃樂
나 무 리 포 외 여 래　원 제 고 혼　이 제 포 외　득 열 반 락

南無甘露王如來 願我各各 列茗靈駕 咽喉開通 獲甘露味
나 무 감 로 왕 여 래　원 아 각 각　열 명 영 가　인 후 개 통　획 감 로 미

願此加持食 普遍滿十方 食者除飢渴 得生安養國
원 차 가 지 식　보 변 만 시 방　식 자 제 기 갈　득 생 안 양 국

21. 시귀식진언施鬼食眞言

옴미기미기 하야미기 사바하

22. 보공양진언普供養眞言

옴 아아나 삼바바 바라 훔

23. 보회향진언普回向眞言

삼마라 삼마라 미마나 자라마 자거라바 훔

24. 권반게勸飯偈

내가 드린 공양을 이미 받으니 아난의 밥과 무엇이 다르랴?
시장함이 만족하여 모두 배부르고
업業의 불길 모두 꺼져 시원해지며
탐, 진, 치 삼독을 모두 버리고 항상 불법승 삼보에 귀의하면
생각마다 보리의 마음이요 곳곳마다 안락국이로다.
모든 형상은 모두가 허망하니,
모든 형상이 형상 아닌 줄 알면 그 즉시 여래를 보리라.

受我此法食 何異阿難饌 飢腸咸飽滿 業火頓淸凉 頓捨貪嗔癡
수 아 차 법 식 하 이 아 난 찬 기 장 함 포 만 업 화 돈 청 량 돈 사 탐 진 치

常歸佛法僧　念念菩提心　處處安樂國
상 귀 불 법 승　염 념 보 리 심　처 처 안 락 국

凡所有相　皆是虛妄　若見諸相非相　卽見如來
범 소 유 상　개 시 허 망　약 견 제 상 비 상　즉 견 여 래

25. 여래십호如來十號

여래·응공·정변지·명행족·선서·세간해·무상사·조어장부·
천인사·불세존. 모든 법이 본래부터 항상 스스로 고요하거니
불자가 이 길을 행해 다하면 다음에는 반드시 부처되리라. 모든
것은 무상하여 생멸하는 법이니, 생멸이 멸했다 하면 적멸이 즐
거움이리. 이 한 생 다른 생각 없이 아미타불을 항상 따르리다.

마음마다 부처님 광명을 받고 생각 생각 부처님을 떠나지 않습니다. 염주를 손에 잡고 법계를 보니 허공이 끈이 되어 못 꿸 곳 없고, 어딘들 평등한 법신 아니리오만 서쪽을 바라보며 아미타불을 구합니다. 서방정토 대교주이신 무량수부처님께 귀의합니다.

如來 應供 正遍智 明行足 善逝 世間解 無上士 調御丈夫 天
여래 응공 정변지 명행족 선서 세간해 무상사 조어장부 천
人師 佛世尊 諸法從本來 常自寂滅相 佛子行道已 來世得作
인사 불세존 제법종본래 상자적멸상 불자행도이 내세득작
佛 諸行無常 是生滅法 生滅滅已 寂滅爲樂 願我盡生無別念
불 제행무상 시생멸법 생멸멸이 적멸위락 원아진생무별염
阿彌陀佛獨相隨 心心常係玉毫光 念念不離金色相 我執念珠法
아미타불독상수 심심상계옥호광 염념불리금색상 아집염주법
界觀 虛空爲繩無不貫 平等舍那無何處 觀求西方阿彌陀 南無
계관 허공위승무불관 평등사나무하처 관구서방아미타 나무
西方大教主 無量壽如來佛 南無阿彌陀佛
서방대교주 무량수여래불 나무아미타불

극락세계 열 가지 장엄, 법장비구 보살 만행 쌓을 적에 48가지 원력으로 장엄하시어, 아미타불의 무량수명 장엄하옵고, 세 분 성인 상호 또한 거룩합니다. 미타국토 안락으로 장엄하옵고, 보배강물 공덕수로 장엄하오며, 여의주로 누각을 장엄하옵고, 낮과 밤이 길어 시간으로 장엄하셨나이다. 스물넷의 즐거운 정토의 장엄이오며, 34가지 이익한 공덕으로 장엄하셨나이다.

極樂世界十種莊嚴 法藏誓願修因莊嚴 四十八願願力莊嚴 彌陀
극락세계십종장엄 법장서원수인장엄 사십팔원원력장엄 미타

범패 대중창

名號壽光莊嚴
명 호 수 광 장 엄

三大士觀寶像莊嚴 彌陀國土安樂莊嚴 寶河淸淨德水莊嚴 寶殿
삼 대 사 관 보 상 장 엄   미 타 국 토 안 락 장 엄   보 하 청 정 덕 수 장 엄   보 전

如意樓閣莊嚴
여 의 루 각 장 엄

晝夜長遠時分莊嚴 二十四樂淨土莊嚴 三十種益功德莊嚴
주 야 장 원 시 분 장 엄   이 십 사 락 정 토 장 엄   삼 십 종 익 공 덕 장 엄

26. 장엄염불莊嚴念佛 후렴

南無西方淨土 極樂世界 三十六萬億一 十一萬九千五百 同名
나 무 서 방 정 토 극 락 세 계 삼 십 육 만 억 일 십 일 만 구 천 오 백 동 명

同號 大慈大悲阿彌陀佛
동 호   대 자 대 비 아 미 타 불

南無西方淨土 極樂世界 佛身長廣 相好無邊 金色光明 遍照
나 무 서 방 정 토 극 락 세 계 불 신 장 광 상 호 무 변 금 색 광 명 편 조

法界 四十八願 度脫衆生 不
법 계 사 십 팔 원 도 탈 중 생 불

可說 不可說轉 不可說 恒河沙 佛刹微塵數 稻麻竹葦 無限極
가 설 불 가 설 전 불 가 설 항 하 사 불 찰 미 진 수 도 마 죽 위 무 한 극

數 三百六十萬億 一十一萬
수 삼 백 육 십 만 억 일 십 일 만

九千五百 同名同號 大慈大悲 我等導師 金色如來 阿彌陀佛
구 천 오 백 동 명 동 호 대 자 대 비 아 등 도 사 금 색 여 래 아 미 타 불

云云
운 운

願共法界諸衆生 同入彌陀大願海 盡未來際度衆生 自他一時成
원 공 법 계 제 중 생 동 입 미 타 대 원 해 진 미 래 제 도 중 생 자 타 일 시 성

佛道
불 도

• 각종 번과 영가 위패를 모시고 원을 그리며 도량을 도는데, 이
  는 재를 올린 공덕으로 모든 중생이 극락에 왕생하기를 발원하
  는 의미를 지닌다.

27. 공덕게功德偈

바라오니 이 공덕이 온갖 곳 미쳐

나와 중생 극락세계에 모두 태어나

무량수부처님을 같이 뵈옵고

모두 함께 부처님 도 이뤄지이다.

願以此功德 普及於一切 我等與衆生
원 이 차 공 덕　보 급 어 일 체　아 등 여 중 생

當生極樂國 同見無量壽 皆共成佛道
당 생 극 락 국　동 견 무 량 수　개 공 성 불 도

8) 봉송奉送 및 소대 의식燒臺儀式

봉송 의식奉送儀式 – 상주권공 의식儀式의 마지막 절차.

(1) 의미

재도량에 봉청해 모신 불보살, 신중, 고혼 등을 나무대성인로왕보
살의 인도 아래 삼보전에 예를 올린 후 회향과 더불어 전송하는

의식이다.

(2) 절차

• 상단 의식을 모두 마치고 전송하는 의식으로, 각종 장엄과 위패
  를 모시고 상단을 향해 선다. 그리고 대중이 아래 글을 동음으
  로 한다.

1. 봉송편奉送篇: 영혼을 정토로 전송하는 게송.

    고혼들과 유정들과

    지옥중생과 아귀류와 축생들을 받들어 보내오니

    내가 다시 다른 생에 천도 도량 세우거든

    본래 서원 어김없이 다시 돌아오십시오.

    奉送孤魂洎有情 地獄餓鬼及傍生
    봉 송 고 혼 계 유 정   지 옥 아 귀 급 방 생

    我於他日建道場 不違本誓還來赴
    아 어 타 일 건 도 량   불 위 본 서 환 래 부

• 법주가 아래 글을 독송한다.

    모든 불자들이여, 이미 향기로운 공양 받으시고, 부처님의 법음
    을 들으셨으니, 이제 보내 봉송하고자 하오니, 다시 한 번 마음
    을 삼가고 정성을 다해 삼보님께 감사의 인사를 올리소서.

諸佛子 旣受香供 已聽法音 今當奉送 更宜虔誠 奉謝三寶
제불자 기수향공 이청법음 금당봉송 갱의건성 봉사삼보

• 대중이 아래 '보례삼보'와 '행보게' 글을 동음으로 하며 예를 올
  린다.

2. 보례삼보普禮三寶: 〈대중창〉 - 전송하기 전 삼보께 예를 올리는
   의식이다.

   시방세계 항상 계신 부처님께 절합니다.
   시방세계 항상 계신 법보님께 절합니다.
   시방세계 항상 계신 승보님께 절합니다.

   普禮十方常住佛 普禮十方常住法 普禮十方常住僧
   보례시방상주불 보례시방상주법 보례시방상주승

3. 행보게行步偈: 〈대중창〉 - 정토로 떠나기 전 삼보께 예를 올리는
   게송.

   허공 끝까지 먼 길을 떠나시니
   가시다가 정을 잊으면 거기가 정토라오.
   삼업(신·구·의)으로 정성 다해 삼보께 귀의하나니
   성현, 범부 구별 없이 법왕궁에 모이게 하소서.

   移行千里滿虛空 歸途情忘到淨邦
   이행천리만허공 귀도정망도정방

三業投誠三寶禮 聖凡同會法王宮
삼업투성삼보례 성범동회법왕궁

4. 산화락散花落(三說): 꽃잎을 뿌려 보내 드리는 게송.

5. 나무대성인로왕보살南無大聖引路王菩薩(三說): 영혼이 정토로 인
   도할 인로왕보살을 청하는 글.

• 각종 장엄과 위패를 모시고 법성게를 외우며 소대로 나아간다.

6. 법성게法性偈:〈대중창〉 - 부처님께서 깨치신 '화엄경'의 이치를
   의상 스님이 '법성게'로 정리하여 일체 대중도 그 도리를 깨우
   치라는 의미로 염불한다.

법성원융무이상 法性圓融無二相	제법부동본래적 諸法不動本來寂	무명무상절일체 無名無相絶一切
증지소지비여경 證智所知非餘境	진성심심극미묘 眞性甚深極微妙	불수자성수연성 不守自性隨緣成
일중일체다중일 一中一切多中一	일즉일체다즉일 一卽一切多卽一	일미진중함시방 一微塵中含十方
일체진중역여시 一切塵中亦如是	무량원겁즉일념 無量元劫卽一念	일념즉시무량겁 一念卽是無量劫
구세십세호상즉 九世十世互相卽	잉불잡란격별성 仍不雜亂隔別成	초발심시변정각 初發心時便正覺
생사열반상공화 生死涅槃常共和	이사명연무분별 理事冥然無分別	십불보현대인경 十佛普賢大人境
능인해인삼매중 能仁海印三昧中	번출여의부사의 繁出如意不思議	우보익생만허공 雨寶益生滿虛空

중생수기득이익 시고행자환본제 파식망상필부득
衆生隨器得利益 是故行者還本際 巴息妄想必不得

무연선교착여의 귀가수분득자량 이다라미무진보
無緣善巧捉如意 歸家隨分得資糧 以陀羅尼無盡寶

장엄법계실보전 궁좌실체중도상 구래부동명위불
莊嚴法界實寶殿 窮坐實際中道床 舊來不動名爲佛

• 소대에 도착하여 법주는 아래 글을 염한다.

7. 표백문表白文: 야외 마련된 소대에서 아래 글을 염송한다.

이제 문밖에서 보내드리는 재자 ○○거주 행효자 ○○복위 ○○

영가와 영가의 옛날 세상의 모든 부모님과 여러 생에 걸친 스승 되거나 어른 되시는 ○○영가, 여러 대에 걸친 종친들과 형이 되고 아우가 되었던 영가, 가족 및 멀고 가까운 친척 되는 각 ○○영가와, 이 영가와 이 도량 안팎이나 동네의 위나 아래의 주처가 있거나 없는 일체의 슬프고 외로운 영가들이시여!

위에서 이미 음식을 베풀고 경을 읊거나 염불한 공덕으로 망령된 인연을 여의었습니까, 여의지 못하였습니까? 망령된 인연을 여의었으면 천당이나 부처님 나라에서 마음대로 지내시고, 망연을 여의지 못하였으면 이 산승의 마지막 한마디를 들으소서.

사대가 흩어지니 꿈속과 같고, 육진경계 알음이 본래 공이라. 부처님과 조사님의 자리 알려면 일락서산 월출동의 소식 들으소서.

今此 門外 奉送齋者 ○○居住 行孝子○○伏爲 ○○靈駕 靈
금차 문외 봉송재자　거주 행효자　복위　영가　영

駕爲主 上世先亡 曠劫父母 多生師長 累代宗親 弟兄叔伯 姉
가위주 상세선망 광겁부모 다생사장 누대종친 제형숙백 자

妹姪孫 遠近親戚等 ○○各列名靈駕 此道場內外 洞上洞下 有
매질손 원근친척등 각열명영가 차도장내외 동상동하 유

主無主 一切哀孤魂佛子等 各列位列名靈駕
주무주 일체애고혼불자등 각열위열명영가

上來 施食諷經 念佛功德 離妄緣耶 不離妄緣耶 離妄緣則 天
상래 시식풍경 염불공덕 이망연야 불리망연야 이망연칙 천

堂佛刹 任性逍遙 不離妄緣則 且聽山僧 末後一偈 四大各離
당불찰 임성소요 불리망연칙 차청산승 말후일게 사대각리

如夢中 六塵心識本來空 欲識佛祖回光處 日落西山月出東
여몽중 육진심식본래공 욕식불조회광처 일락서산월출동

○풍송가지諷誦加持

시방삼세에 계신 일체 제불보살님이시여, 큰 지혜로써 피안에 이를지이다. 왕생하기 원하옵나니 극락세계 태어나서 아미타 부처님 친히 뵙고 마정수기 하오리다. 왕생하기 원하옵나니 미타회상 어서 가서 향과 꽃을 손에 들고 항상 공양하오리다. 왕생하기 원하옵나니 화장세계 빨리 가서 나와 남이 모두 함께 불도를 이루리다.

念 十方三世一切諸佛 諸尊菩薩 摩訶薩 摩訶般若婆羅密 願
염 시방삼세일체제불 제존보살 마하살 마하반야바라밀 원

往生 願往生
왕생 원왕생

願在彌陀會中坐 願往生 願往生 願生極樂見彌陀 獲蒙摩項授
원재미타회중좌 원왕생 원왕생 원생극락견미타 획몽마항수

記別 願往生 願往生
기별 원왕생 원왕생

願生華藏蓮花界 自他一時成佛道
원생화장연화계 자타일시성불도

• 각종 장엄莊嚴을 소각한다.

8. 소전진언燒錢眞言: 전과 영가의 위패를 소전하는 진언.

옴 비로기제 사바하

봉송 및 소대의식

9. 봉송진언奉送眞言: 정토의 세계로 전송하는 진언.

   옴 바아라 사다 목차목

10. 상품상생진언上品上生眞言(云云): 영가가 최상의 상품상생에 가
    기를 발원하는 진언.

   세간 하되 허공같이 비워서 걸림이 없게 하고
   연꽃이 더럽고 깨끗한 물에 젖지 않는 것 같이 하라,
   마음은 언제 어디서나 장애되거나 구애받지 않으니
   자기의 부처에게 의지하라.

부처님과 불·법·승 삼보전에 귀의하여 나아갈지어다.

處世間 如虛空 如蓮華 不着水 心淸淨超於 彼 稽首禮 無上尊
처세간 여허공 여연화 불착수 심청정초어 피 계수례 무상존

歸依佛 歸依法 歸依僧 歸依佛 兩足尊 歸依法 離欲尊 歸依
귀의불 귀의법 귀의승 귀의불 양족존 귀의법 이욕존 귀의

僧 衆中尊
승 중중존

歸依佛境 歸依法竟 歸依僧竟 善步雲程 伏惟珍重
귀의불경 귀의법경 귀의승경 선보운정 복유진중

11. 보회향진언普回向眞言(云云): 널리 회향하는 진언.

옴 삼마라 삼마라 미마나 자르마 자그라바 훔 (3번)

12. 파산게破散偈:〈대중창〉- 지옥을 무너뜨리는 게송.

불이 타오르고 물이 요동쳐 천지가 무너져도

고요하고 당당히 흰 구름 사이에 있네.

한 소리에 금성의 벽을 흔들어 부수고

오직 부처님 앞 일곱 보배산으로 향하네.

火蕩風搖天地壞　寥寥長在白雲間
화탕풍요천지괴　요요장재백운간
一聲揮破金城壁　但向佛前七寶山
일성휘파금성벽　단향불전칠보산

13. 고불게告佛偈: 회향거불回向擧佛 - 봉송 의식을 마치면 영혼이

세 분의 보살 전에 귀의하는 염불.

지극한 마음으로 환희장마니보적불께 귀의합니다.

지극한 마음으로 원만장보살마하살께 귀의합니다

지극한 마음으로 회향장보살마하살께 귀의합니다.

南無歡喜藏摩尼寶積佛　南無圓滿藏菩薩摩訶薩
나 무 환 회 장 마 니 보 적 불　나 무 원 만 장 보 살 마 하 살

南無回向藏菩薩摩訶薩
나 무 회 향 장 보 살 마 하 살

상주권공재 국가무형문화재 지정 필요성

상주권공재 의식은 죽은 망자의 왕생극락과 국태민안을 발원하는 내용으로, 삼일영산 일일권공이라고 하였듯이, 3일 동안 베풀어야 하는 영산재를 하루에 걸쳐 진행하는 의식이며, 일반 사찰에서 흔히 행해졌던 권공 의식이다.

봉원사 영산재 식당작법

바라춤

　영산재 13가지 절차를 11가지 절차로 축소한 의식이 각배재이
며, 이를 다시 8가지 의식으로 축약한 재 의식이 상주권공재이다.

　상주권공과 영산재를 비교하면, 시련, 대령, 관욕절차 의식은 동
일하나 신중작법 절차에서 영산재는 대창불大唱佛로 104위 신중
을 모시지만, 상주권공재에서는 소창불小唱佛로써 39위 신중위목
을 청해 모신다. 야외에 특별히 단을 꾸며 괘불단을 만들지 아니
하므로 괘불이운 절차가 생략되고, 상단권공에 있어서도 불리는
범패는 할향喝香에서 회심곡回心曲까지 총 50정도밖에 되지 않으
며, 일부 짓소리 등을 생략하며, 그 외 각종 홋소리도 제대로 불리
지 않는다. 또한 영산재의 꽃이라 할 수 있는 식당작법 절차가 생

영산재 공양의식

략되어 간단한 스님들 공양 의식으로 바뀌고, 시식과 봉송 및 소대 의식 역시 규모를 축약해 진행된다. 범패도 안채비 일부 소리, 화청과 회심곡, 바깥채비 홋소리, 짓소리 일부 중심으로 진행되며, 작법무, 바라무, 나비무, 법고무 역시 축소하여 진행된다.

　상주권공재는 3일 영산재를 축소시킨 의식이라 할 수 있다. 현재 전통적 상주권공재의 진행 절차도 맥이 끊어지고 있는 현실에서 국가무형문화재 지정이 절실하다.

　현재 국가무형문화제 제50호 영산재 역시 영산재보존회와 서울 신촌 봉원사를 중심으로 전승 보존하고 있으나, 기존 5명의 영산재 보유자 스님들의 열반 후 보유자가 지정되지 않고, 한 명의 보유자로 3일 영산재를 진행한다는 것은 무리이며, 보유자 및 전수교육보조자의 추가 지정을 통해 전승의 단절을 막아야 하는 것이 과제이다.

참고문헌

단행본

김응기(법현), 『한국의 불교음악』, 운주사, 2005.

_____, 『불교음악감상』, 운주사, 2005.

_____, 『불교무용』, 운주사, 2002.

_____, 『불교음악 영산재 연구』, 운주사, 1997.

_____, 『불교의식음악 연구』, 운주사, 2012.

_____, 『영산재』, 운주사, 2019.

_____, 『불교무용감상』, 운주사, 2020.

정수일, 『문명교류기행』, 사계절, 2002.

논문

김응기(법현), 「상주권공재의 작법절차에 관한 연구」, 원광대 석사논문, 1995.

자료 관련 홈페이지

불교음악연구소 http://www.pompae.or.kr

사진자료 홈페이지, 영산재 보존회

봉원사 http://www.bongwonsa.or.kr

법현(김응기)

동국대학교 한국음악과 교수.

1974년 서울 봉원사에서 출가하였으며, 동국대학교에서 불교사학 석사, 원광대학교에서 종교학 석사 및 불교학 박사학위를 취득하였다. 유네스코 세계무형문화유산 영산재 기획홍보 총괄, 태고종 문화종무특보, 문화재 전문위원, 제20대 대통령직 인수위원회 자문위원 등을 역임하였으며, 현재 불교음악연구소 소장, 코리아나 예술단장, (사)세계문화예술 콘(컨)텐츠연맹이사장을 맡고 있다.

저서로 『불교음악-영산재연구』, 『불교무용』, 『한국의 불교음악』, 『불교음악감상』, 『불교의식음악 연구』, 『불교의식음악 악보 I 』(시련 의식), 『불교의식음악 악보 II 』(대령의식)』, 『불교의식음악 악보 III (관욕의식)』 『영산재』 『불교무용 감상』 등과 50편의 논문이 있으며, 「불교음악&불교무용」 음반 CD 33매를 발매하였다.

BTN-TV, BBS-FM 라디오, 국악방송 등에서 '불교음악세계'를 진행하였고, '영산재'를 바탕으로 한 문화컨텐츠로 유럽·중동·남미·아프리카 등 60여 개 나라에 초청되어 공연하였다. 또한, 세계 3대 인명사전 ABI(미국 인명정보기관), IBC(영국 케임브리지 국제인명센터), 미국 마르퀴즈 후즈후 인명사전에 모두 등재되었다.

인류의 가장 오래된 악보라고 할 수 있는 각필악보를 2000년 세계 최초로 발견하였다.

(불교음악연구소 홈페이지: http://www.pompae.or.kr)

상주권공재

초판 1쇄 인쇄 2022년 12월 20일 | **초판 1쇄 발행** 2022년 12월 30일
지은이 법현 | **펴낸이** 김시열
펴낸곳 도서출판 운주사

(02832) 서울시 성북구 동소문로 67-1 성심빌딩 3층

전화 (02) 926-8361 | 팩스 0505-115-8361

ISBN 978-89-5746-725-1 03220　　값 15,800원

http://cafe.daum.net/unjubooks 〈다음카페: 도서출판 운주사〉

175